贵州省出版发展专项资金资助

贵州世居民族文化书系

宋健 主编

敖包高原魂

AOBAO GAOYUANHUN

敖力召 编著

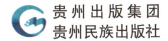

贵州出版集团
贵州民族出版社

图书在版编目（CIP）数据

敖包高原魂：蒙古族 / 敖力召 编著 . -- 贵阳 : 贵州
民族出版社， 2014.6（2020.7 重印）
（贵州世居民族文化书系 / 宋健主编）
ISBN 978-7-5412-2127-9

Ⅰ . ①敖… Ⅱ . ①敖… Ⅲ . ①蒙古族－民族文化－贵
州省 Ⅳ . ① K281.2

中国版本图书馆 CIP 数据核字（2014）第 080914 号

贵州世居民族文化书系
敖包高原魂·蒙古族
宋　健　主编　敖力召　编著

出版发行	贵州民族出版社	
社址邮编	贵阳市观山湖区会展东路贵州出版集团大楼	550081
印　　刷	山东龙岳文化传媒有限公司	
开　　本	787mm×1092mm　　1/16	
字　　数	120 千字	
印　　张	7.5	
版　　次	2014 年 6 月第 1 版	
印　　次	2020 年 7 月第 2 次	
书　　号	ISBN 978-7-5412-2127-9	
定　　价	25.00 元	

贵州蒙古族分布示意图

散居

多彩高原的民族共存

——《贵州世居民族文化书系》总序

　　多彩的贵州，神奇的高原。对于初次来到祖国大西南贵州省的人来说，触动心灵的不仅是苍山如海、溪河清澈、森林碧绿、峡谷幽深，更有那不同民族同胞悠扬的山歌和异彩的服饰。在这个有17.6万平方公里面积和600年建省历史的省份，数不尽的青山翠谷中生活着18个世居民族，他们从哪里来？世世代代如何与周围环境共处？以怎样的生活方式和民族风情为世界增光添彩？让读者朋友在轻松的阅读中了解这一切，就是我们出版这套《贵州世居民族文化书系》的目的。

　　贵州是一个多民族的省份，少数民族人口约占全省总人口的38%，全国56个民族成分贵州都有分布，而称得上"世居民族"的则有汉族、苗族、布依族、侗族、土家族、彝族、仡佬族、水族、回族、白族、瑶族、壮族、畲族、毛南族、仫佬族、满族、蒙古族、羌族等18个兄弟民族。从历史和民族源流看，除来自北方的回族、蒙古族、满族外，汉族属古代的华夏族系，其他各族分属古代的氐羌、苗瑶、百越、百濮四大族系。从地理位置看，贵州位于云贵高原东部，处于四川盆地和广西、湖南丘陵之间，是由高原向平原和丘陵过渡的地带。这种特殊的地理位置，使贵州历史上成为南方四大族系的交汇之地，成为民族迁徙的大走廊。在漫长的历史长河中，不同民族的融合，不同文化的相互影响，以及战争带来的多次大规模移民的进入，形成今天贵州多民族共存共荣的社会。

民族文化，指各民族在历史发展中创造的带有民族特点的文化，包含物质和精神两个方面。存在决定意识，由于贵州地处生态环境较为脆弱的喀斯特地貌带，各族群众敬畏自然，珍惜上天赋予的生活资源，注重生产方式与自然生态的和谐平衡，有着享誉世界的农业文化遗产"稻鱼鸭系统"，与草木"认干亲"的林业等生产方式和生活形态，无不彰显人与自然的和谐共处。

贵州历史上"连峰际天兮飞鸟不通"（王阳明《瘗旅文》）的交通困局，形成了十里不同风，百里不同俗的"文化千岛"，民族风情古朴浓郁，多姿多彩，如苗族的姊妹节、芦笙舞，布依族的八音坐唱，侗族的行歌坐月、侗族大歌，彝族的火把节，土家族的摆手舞等。而600多年前明王朝对贵州的大规模开发，江南的百万汉族移民以屯军、屯民的方式来到贵州，形成数百年的屯堡文化，至今成为明代文化遗存的奇迹。可以说，正是青山绿水与多民族的和谐共存构成了今天多彩的贵州。

我们这套书以大专家写小丛书为特点，以轻松阅读获取知识为目标，以直观图像结合想象力发挥为手段，采取宏观叙述与田野案例穿插叙事的方法，力图写成民族历史文化的故事书，内容虽然通俗易懂，生动有趣，但都是以坚实的学术研究为基础的，能够让读者在愉快的阅读和浏览中获取正确的知识。

"黔山秀水，神秘夜郎；多彩民族，千岛文化。"这是书系力图展示的贵州形象。愿书系成为我们大家了解贵州、欣赏贵州、热爱贵州的一个窗口。

《贵州世居民族文化书系》编委会

目　录
Contents

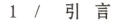

引言

　　每个民族都有自己值得骄傲的历史、文化及独特的习俗，因此民族之间要互相尊重、互相欣赏，这才是民族之间的相处之道。

　　贵州是一个多民族的省份，民族之间相处得如此和谐深深地打动了我。尤其，贵州的蒙古族几百年来在这块多民族的土地上顽强地生存下来，离不开与其他民族的和谐相处。蒙古族的民族文化多趋向于崇尚苍天、大地和万物生灵的自然主义，因此开放性、包容性、融合性非常强，这也是能与其他民族和谐相处的主要原因之一。

　　贵州蒙古族当中，人口数量最多的余姓蒙古族最具有代表性。这个家族至今保存着明朝初年的家谱，续写着自己沧桑而光辉的家族历史。近几年，随着研究的深入，其家族以及先祖铁木健的史实正在被解密，谜团正一个个被解开，尤其是家族成员续写《余氏家谱》的工作得到了蒙古族聚居区领导以及权威专家的认可。

　　近些年来，随着中共贵州省委、省政府对世居民族文化的重视和保护，贵州蒙古族的研究取得了跨越式的成就。毕节市大方县凤山彝族蒙古族乡的蒙古风情园以及那达慕培训基地项目的建设对于贵州蒙古族的民族文化恢复和保护有着深远的意义。

一个民族不能只活在过去，但民族文化是一脉相承的。蒙古族先祖游牧生活养成的风俗习惯历经几百年变迁，融入贵州蒙古族的性格和生活习惯中，这就是贵州蒙古族与众不同的地方，他们至今部分保留着本民族独特的礼仪、服饰、饮食习惯等。本书就是带读者走进贵州的几个蒙古族聚集区，欣赏和品读其独特的文化习俗和现代发展的印记。

MABEI

马背

MINZU

民族

● 东胡后裔 ●

　　蒙古族源自历史上的"东胡"。东胡是一个部落联盟，包括了当时族属相同而名号不一的大小部落，因居匈奴（胡）以东而得名。据司马迁《史记》记载："在匈奴东，故曰东胡。"公元前5至前3世纪，东胡各部还处于原始氏族社会发展阶段，各部落过着"俗随水草，居无常处"的生活。这些部落按其生活方式，大致分为"草原游牧民"与"森林狩猎民"两类。

　　自商代初年到西汉，东胡存在了大约1300年。东胡、濊貊、肃慎被称为古东北三大民族。东胡语属阿尔泰语系。东胡族系包括的部落和民族很多，如东胡、乌桓、鲜卑以及由鲜卑分化出的慕容、宇文、段部、拓跋、乞伏、秃发、吐谷浑各部，此外还有柔然、库莫奚、契丹、室韦、蒙古。"蒙古"一词最早见于《旧唐书·室韦传》，书中称其为"蒙兀室韦"，是居于望建河（额

尔古纳河）南岸的一个部落，是室韦部落联盟的一个成员。《辽史》中曾提到契丹语和蒙古语差不多，清末著名学者沈曾植，将鲜卑语和蒙古语相比较之后，说"蒙古语与鲜卑语相去无几"。从地域上看，鲜卑起源于今额尔古纳河东南的大鲜卑山，而后来的室韦的活动地区也在额尔古纳河一带，可见鲜卑、契丹、室韦、蒙古都是属于东胡这一族系的。

　　蒙古国学者也认为，尼伦蒙古就是北魏时期尼伦国后裔，蒙古族所称的尼伦国也就是中国历史上的柔然汗国。尼伦国是公元3世纪蒙古部落建立的联盟国。《南齐书》中记载：前

蒙古称谓的来源

　　"蒙古"最初只是蒙古诸部落中的一个部落名称，正史始见于《旧唐书·北狄传》，称"蒙兀室韦"。13世纪初以成吉思汗为首的蒙古部统一了蒙古各部落，逐渐形成了一个新的民族共同体，"蒙古"也就由原来的部落名称变成为民族名称。

《辽史》

古代蒙古族

秦时期，鲜卑族的拓跋珪进入中原，而占据草原的尼伦国则"尽占匈奴之地，并西侵西域之国"。柔然汗国灭亡后，各部相继瓦解并继续向北分散。此后，蒙古诸部曾分为尼伦蒙古和迭列斤蒙古两大部。尼伦蒙古的乞颜（奇渥温）部有许多分支家族，其中主儿乞氏、泰赤乌氏、孛儿只斤氏三个姓氏因贵族地位被称为"黄金家族"。

《元世祖出猎图》

● 文化源流 ●

蒙古先民画像

《蒙古秘史》

《蒙古秘史》是一部记述蒙古民族形成、发展、壮大之历程的历史典籍，是蒙古族现存最早的历史文学长卷。

《蒙古秘史》开篇的第一句话就说乞颜部是蒙古族的始祖。后来，乞颜部生齿日繁，传至第十代，有个名叫脱罗豁勒真伯颜的人和他的妻子孛罗黑臣豁阿生了两个儿子——都娃锁豁儿和朵奔蔑儿干。

一天，哥儿俩一同登上不儿罕山，都娃锁豁儿极目远眺，望见沿统格黎河那边有一群人正朝自己的方向迁徙而来，在一辆华丽的牛车上坐着一位美丽的姑娘，于是对弟弟朵奔蔑儿干说："在那群迁来的百姓中，一辆黑篷车的前沿上坐着一位漂亮的姑娘，若她还未许配人家，你就去求亲吧？"说着就叫弟弟前去探视。朵奔蔑儿干到那里一看，果然是一位美丽的姑娘。姑娘名叫阿阑豁阿，是很有名望的霍里秃马惕部那颜的女儿，尚未许配人家，于是弟弟便向女方求了婚，二人结为夫妻。根据《蒙古秘史》的记载，阿阑豁阿成了蒙古第十一代女祖先。阿阑豁阿嫁给朵奔蔑儿干后，生了别勒古讷台、不古讷台两个儿子。朵奔蔑儿干去世后，阿阑豁阿寡居时又生了三个儿子，一名不忽合塔吉，一名不合秃撒勒只，一名孛端察儿蒙合黑。

老大和老二窃窃私议，怀疑这三个弟弟是母亲跟家仆马阿里黑·伯牙兀歹氏人所生。阿阑豁阿察觉到他俩的疑心后，分别给他们每人一支箭，叫他们用力折，他们毫不费力地都一一折断了，然后她又把五支箭杆捆在一起要他们去折，结果都不能折断。随后，阿阑豁阿对老大和老二讲述了受胎生子的奇异经过："每天晚上都有个黄白色的人，借着天窗透进来的光，进来抚摸我的肚皮，光亮渗入我腹中使我受孕。此人出去时，借着日月之光，摇摇摆摆飘然而去，你们怎敢胡说！这样看来，这显然是上天的子息啊！你们怎能

阿阑豁阿折箭训子

将他们比作凡人呢？等他们做了万众的可汗，凡人才能明白呢！"说完又进而教训五个儿子道："你们五兄弟啊，都是从我肚皮里生出来的，你们正像方才那五支箭，如果一支一支地分开，你们就像那一支一支的孤箭一般容易被人折断。如果你们像那捆在一起的五支箭一般，同心一体啊，任何人都不能把你们怎样。"阿阑豁阿死后，前四个儿子把食物牲畜都分了，只有五弟孛端察儿蒙合黑愚弱，什么也没分到。孛端察儿蒙合黑便骑着一匹背上有鞍疮、秃尾巴、黑脊梁的青白马沿着斡难河奔驰而去，到了巴勒谆阿拉勒之地，搭个草棚住下了。后来，不忽合塔吉前来寻找孛端察儿蒙合黑，带他回到四兄弟身边。不久后，就在这个"傻弟弟"的劝说下，五兄弟联合袭击了住在统格黎河边的一群"没有大小好歹，不分头蹄上下，没有头脑管束，容易对付的百姓"，把他们掳为奴仆，兄弟五人各自分得一份属民和畜群之后便移住在不儿罕山麓。

不儿罕山的群峰

广阔的蒙古草原

　　从此蒙古人形成了两大部落，阿阑老母的前两个儿子及其后裔成为后来的迭列斤蒙古，后三个儿子及其后裔成为后来的尼伦蒙古。其中，字端察儿蒙合黑便是孛儿只斤氏的祖先，也就是成吉思汗的十世祖。

　　不儿罕山是蒙古国境内肯特山脉的最高峰。据历史记载，不儿罕山与成吉思汗的一生以及蒙古族的历史关系源远流长。成吉思汗统一蒙古各部、建立蒙古汗国的过程中，无数跌宕起伏的重大历史事件都与不儿罕山相关。不儿罕山也因此被视为蒙古族的圣山。

蒙古文字

　　历史上蒙古族曾采用以下几种文字：汉字标音，回鹘文字母，改良自回鹘文字母的传统的蒙古文（俗称"旧蒙文"），以及它的两种后期变体：托忒文，阿里嘎里字体。大元朝忽必烈时代，由当时的吐蕃国师八思巴所创立的八思巴字，索永布文，拉丁化蒙古字母及蒙古国独立后采用的新西里尔字母（俗称"新蒙文"）。

不儿罕山

● 神秘的神话传说 ●

蒙古族的文学源远流长,历史悠久,有史诗、神话传说、故事、诗歌、谚语、寓言等,其表现形式有民间口头文学和书面文学两种。

蒙古族的神话传说除在古代典籍如《蒙古秘史》、波斯文史籍《史集》中保存了一些片段外,见于文字的记载较少。主要还是通过口耳相传的形式流传于民间。其内容主要涉及天地星辰的产生、民族的起源,以及人与自然的斗争、社会习俗的形成等。流传较为广泛的有《熔铁出山》《天女之惠》。

《熔铁出山》

大约在成吉思汗出生的两千多年以前,北方草原上一个叫蒙古的部落与突厥人的部落经常发生战争,结果蒙古部落遭到了毁灭性的打击,整个部落只剩下两男两女,他们逃进了一个叫"额尔古涅昆"的大山里隐居起来。额尔古涅昆山四周是陡峭险崖和茂密的森林,与外界仅有一条小道相连。这两男两女分别姓"纳古思"和"乞颜"。他们在这个自由的天地里繁衍子孙,遂形成以乞颜为名的"乞牙惕"蒙古部落。这个传说中的额尔古涅昆山就在现今额尔古纳河流域。

随着时间的推移,额尔古涅昆山人丁兴旺,日益显得地狭人稠。这一状况迫使他们谋求出山,以寻找更广阔的天地。昔日的小道已经荒芜得不能通行,

《史集》

蒙古文书法

成吉思汗出生地不儿罕山的石头

他们只能另辟新路。最后，他们决定用熔铁的办法，让熔化的铁水冲出大道来。于是男女老少一齐动员起来，积木为薪，伐木积炭，并宰杀了七十多头牛马，将剥下来的皮做成风箱，在山下的火堆旁鼓风助火。熊熊的烈火终于烧得铁水奔流，冲开一条大道。之后他们顺着这条大道，开始了全族的大迁徙，从狭窄的山谷来到了辽阔的草原。

《熔铁出山》这个传说，反映了蒙兀室韦从额尔古纳河流域西迁的历史。

《天女之惠》

传说在杜尔伯特人游牧的地方，有一座高耸入云的纳德山，山顶终年积雪。一天，一位年轻的猎人在山顶湖岸发现一群天女在湖中嬉戏，他悄悄拿来一副套马的皮挎索隐身窥视，天女们尽情地追逐戏耍，丝毫不觉。猎人用皮挎索套住了其中一名天女，其他天女见状惊慌躲入云端。猎人向被套的天女求爱，天女应允了。但由于天上人间悬殊，两人不久便分手了。后来天女怀孕，又回到与猎人相遇的山湖旁边，生下一个男孩。天女不能在人间长住，便将孩子放入自编的摇篮里挂在树上，又派一黄色小鸟日夜守护，然后悲痛地回到天上去了。

这时杜尔伯特的祖先们还没有自己的酋长，他们急切地盼望找到一名理想的首领。在一位"先知"的指引下，他们登上了纳德山，并顺着鸟鸣的方向，在山湖旁的树枝上找到了这个孩子，杜尔伯特的祖先们认定这孩子是上天的恩赐。

杜尔伯特的祖先们异常高兴，欢天喜地地把孩子抬回部落里。后来，孩子很快长成一名身材魁梧的大丈夫，创立了伟业，并成为绰罗斯家族的祖先。

英雄史诗《江格尔》

蒙古族的英雄史诗描写的多是传奇英雄同自然力或丑恶社会势力的代表蟒古思的斗争。代表作有《江格尔》《三岁勇士谷诺干》《喜热图蔑尔干》等。其中《江格尔》与藏族的《格萨尔》和柯尔克孜族的《玛纳斯》并称为中国少数民族三大英雄史诗。

《江格尔》文本

《江格尔》描写最成功的英雄形象是洪古尔。史诗饱含感情地说洪古尔身上集中了蒙古人的99个优点，体现了草原勇士的一切优秀品质。他对人民无限忠诚，对敌人无比痛恨，有山鹰般的勇敢精神，有顽强不屈的斗志。他热爱家乡、热爱人民、不畏强暴，为了宝木巴粉身碎骨也心甘情愿。比较突出地体现了蒙古人民那种吃大苦、耐大劳、顽强坚定和英勇斗争的性格。

《江格尔》通过其丰富的思想内容和生动的艺术形象，描绘了洋溢着草原生活气息的风景画与生活图景，体现了蒙古民族特有的性格特征和审美情趣，在艺术风格方面具有鲜明的民族特色。《江格尔》的民族性还表现在语言运用、表现手法等诸多方面。如运用丰富优美的卫拉特民间口语，融合穿插蒙古族古代民歌、祝词、赞词、格言、谚语，以及大量采用铺陈、夸张、比喻、拟人、头韵、尾韵、腹韵等手法。《江格尔》的故事曲折动听，语言朴实无华，故事里的人物为捍卫自己美好家园而浴

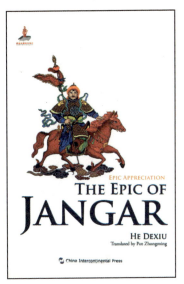

英文版《江格尔》

宝木巴

是蒙古英雄史诗《江格尔》中的地名，位于今天阿尔泰山和额尔齐斯河之间，是史诗中英雄们浴血奋战的地方。

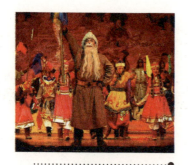

歌舞剧《江格尔》

不同版本的《江格尔》

血奋战的精神和可亲可敬的形象，使史诗获得了代代相传永不衰竭的生命力。

《江格尔》长期在民间口头流传，经过历代人民群众，尤其是民间艺人的不断加工、丰富，篇幅逐渐增多，内容逐渐丰富，最后成为一部大型史诗。迄今国内外已经收集到的共有60多部，长达10万行左右。这部史诗是以英雄江格尔命名的，关于"江格尔"一词的来源，历来解释不一，波斯语释为"世界的征服者"；突厥语释为"战胜者""孤儿"；蒙古语释为"能者"。

《江格尔》以其独有的艺术魅力，深深扎根于蒙古族人民群众之中。从13世纪左右诞生起，主要由"江格尔齐"（蒙古语意为专门演唱史诗《江格尔》的民间艺人）在民间传唱，流传至今。另外，因为蒙古族很早就有自己的文字，所以，《江格尔》又有蒙古文手抄本流传于民间，手抄本叫《立江格尔》。

清乾隆十六年（1771年）开始了《江格尔》的整理工作，这是第一次由官方组织的，对《江格尔》进行的系统的整理工作。

● 一代天骄 ●

　　据《蒙古秘史》记载，成吉思汗父亲孛儿只斤·也速该是尼伦蒙古乞颜部首领，母亲诃额仑是迭列斤蒙古弘吉剌部落（今呼伦贝尔市额尔古纳河流域）人。

　　1161年秋，也速该在斡难河（今鄂嫩河）畔打猎，发现了途经蒙古部驻地的诃额仑。他在几位兄弟的协助下，根据当时的"抢亲"传统，抢来了诃额仑，于是诃额仑成为了也速该的妻子。1162年，也速该率部打败塔塔儿人，俘获了塔塔儿首领铁木真·兀格，恰好这时他的长子出生，于是就给长子取名铁木真（蒙古语音译，意为"铁化""铁一样"）。传说铁木真出世的时候，右手紧握着一大块血块，这是他不平凡的命运的征兆。

　　1206年春天，蒙古贵族在斡难河源头召开大会，45岁的铁木真被诸王和群臣尊为"成吉思汗"，正式登基成为蒙古帝国大汗。这是蒙古帝国的开始，他颁布的《成吉思汗法典》

成吉思汗

　　孛儿只斤·铁木真（1162～1227年），蒙古帝国可汗，尊号"成吉思汗"，意为"拥有海洋四方"。杰出的军事家、政治家。1162年（宋高宗绍兴三十二年，金世宗大定二年）出生在漠北草原斡难河上游地区（今蒙古国肯特省）。

呼伦贝尔市额尔古纳河

成吉思汗画像

是世界上第一套应用范围最广泛的成文法典，建立了一套蒙古贵族共和政体制度。成吉思汗登基后第一个目标就是讨伐金国，1215年，成吉思汗亲率大军破金中都（今北京），金朝被迫迁都南京（今河南开封）。

1219年，成吉思汗在金中都附近停留期间，西域大国花剌子模国（今阿富汗、伊朗、乌兹别克斯坦、土库曼斯坦等地）讹答剌城的海儿汗杀死了蒙古汗国的499名商人，其国王摩诃末又武断地杀死了成吉思汗派去交涉的正使。经过七天七夜向长生天祈祷后，成吉思汗亲率约20万骑兵分路西征。这是一次改变成吉思汗一生的大事件，也是改变世界的大事件。

西征第二年，成吉思汗派使臣刘仲禄带着汉文书写的《召丘神仙手诏》，从阿富汗北疆阿姆河畔西征军营出发，跋涉数千里，历时七个多月赶赴山东莱州，三次召请丘处机。1222年初夏，成吉思汗在大雪山（今阿富汗兴都库什山）营地会见了不远万里从中国赶来的全真教教主丘处机。在行宫中，成吉思汗对丘处机尊礼备至，不唤其姓名，只称呼"神仙"，他们虽为君臣，却无纲常之礼，诚挚相见，肝胆相照，被后人传为佳话。丘处机在为成吉思汗讲道的过程中，一直劝谏成吉思汗止杀，并且产生了非常大的影响。成吉思汗与丘处机相处的几个月里，思想上产生了很大改变，促使成吉思汗决定东归故土。丘处机返回后，成吉思汗率领蒙古西征军东归。回到燕京（今北京）的丘处机主持天长观。1227年，成吉思汗下诏将天长观改名长春宫（今北京白云观），并赐"金虎牌"，以"道家事一切仰'神仙'处置"，并诏命丘处机掌管天下道教。正是这一年8月25日，征战一生的成吉思汗在六盘山下清水县（今属甘肃）病逝，终年66岁。他临终仍然不忘灭掉世仇金国，其遗嘱是"联宋灭金"，也就是联合南宋王朝共同灭亡金国。

　　1234年，成吉思汗的两个儿子窝阔台和拖雷按照"联宋灭金"的遗嘱，联合南宋政权终于灭亡了蒙古的世仇——金国。此时，距成吉思汗去世已经过去了七年。

丘处机

　　丘处机，字通密，道号长春子，是道教主流全真道掌教教主。中国宋代著名的思想家、政治家、文学家、养生学家和医药学家。代表作品有《长春祖师语录》《大丹直指》《鸣道集》等。

● 蒙古帝国的三次西征 ●

　　第一次西征——元太祖西征。1219年，成吉思汗为了肃清乃蛮部的残余势力，以及消灭西域的强国花剌子模，亲率二十万大军西征。蒙军长驱直入中亚后，

成吉思汗的雕塑

于1220年攻占了花剌子模的都城撒马尔干，其国王西逃，成吉思汗令速不台、哲别等穷追。因此蒙军深入俄罗斯，于1223年大败钦察和俄罗斯的联军。另成吉思汗又挥军追击花剌子模的太子札阑丁，在印度河流域打败之。1225年，成吉思汗凯旋东归，将本土及新征服所得的西域土地分封给四个儿子，后来发展为四大汗国。

第二次西征——元太宗西征。1227年，成吉思汗在灭亡西夏前不久死去，三子窝阔台继任大汗。窝阔台于1235年派遣其兄术赤之次子拔都率五十万大军再度西征。三年后，西征军大举征服俄罗斯，攻陷莫斯科、基辅诸城，并分兵数路向欧洲腹心挺进。1241年，北路蒙军在波兰西南部的利格尼兹大破波兰与日耳曼的联军。拔都亲率蒙军主力由中路进入匈牙利，大获全胜，其前锋直趋意大利的威尼斯，全欧震惊，称为"黄祸"。正当西方各国惶惶不可终日之际，拔都忽接窝阔台驾崩的噩耗，于是急速班师，第二次西征结束。

第三次西征——旭烈兀西征。蒙哥（史称"蒙哥汗"）于1251年即大汗位后，令其弟旭烈兀率兵西征。这次西征主要方向是西南亚地区，头等目标是消灭木剌夷国（在今伊朗北部）。1257年，蒙军荡平木剌夷之地，并挥师继续西进，攻陷报达（今巴格达）。此后旭烈兀又率兵攻陷阿拉伯的圣地麦加，攻占大马士革，其前锋曾渡海攻陷富浪（即今地中海东部的塞浦路斯岛）。本来他还要进一步攻打埃及，因得到蒙哥伐宋阵亡的消息，便率主力班师。

蒙古军西征的战斗

ZOUCHU
走出

CAOYUAN
草原

● 落籍西南辗贵州 ●

　　一代天骄成吉思汗的铁骑征服了几乎整个欧亚大陆，由此蒙古族成为了世界性的民族。在世界各地（主要是亚欧大陆）都散居着蒙古族人，全世界蒙古族人约为1000万人。其中蒙古国的总人口大约有280万人，80%是喀尔喀蒙古人，俄罗斯有大约90万蒙古人。除此之外，还有西伯利亚的布里亚特蒙古人（约40万人），卫拉特人（含17万卡尔梅克人和杜尔伯特人）和图瓦人。另外，分布在阿富汗、伊朗等地的哈扎拉族人是蒙古人和中亚其他民族的混血后代。

　　随着蒙古帝国领土的不断扩大，蒙古人自中国北方开始大批向西部及南部迁徙，蒙古族分布的区域也日益广大。现中国的蒙古族人主要分布在内蒙古、黑龙江、辽宁、吉林、新疆、河北、青海，其余散

布于北京、河南、福建、四川、贵州、重庆、云南等地。历经几百年的风雨沧桑，散居祖国各地的蒙古族以各自的方式传承着本民族的传统与文化。

元代贵州分属于四川、湖广、云南三省，当时的四川行省包括今四川省、重庆市和滇东北、贵州省遵义市和毕节市部分地方。直到明永乐十一年（1413年）设置贵州布政使司，贵州才正式成为省一级的行政单位。

落籍西南地区的蒙古族主要分三次迁徙而来。

第一次是蒙古帝国时期的屯兵。1251年，成吉思汗嫡孙蒙哥汗登上大汗宝座，积极策划灭宋战争。1252年，蒙哥汗命其弟忽必烈率师平定大理国（今云南），对南宋形成包围夹击之势，由此大量蒙古军队进入西南地区屯兵作战。1257年，蒙哥汗决定发动大规模的灭宋战争，自率主力攻四川。1258年，蒙哥汗亲率大军进逼重庆，在重庆北面的合州钓鱼城下受阻。1259年8月，蒙哥汗在钓鱼城战死。

蒙哥汗在钓鱼城下的败亡，其影响是十分巨大的。

首先，它导致这场灭宋战争的全面瓦解，使南宋得以延续20年之久。其次，它使蒙军的第三次西征行动停滞下来，缓解了蒙古势力对欧、亚、非等国的威胁。其三，它为忽必烈执掌蒙古政权提供了契机，对中国历史

蒙古族百姓

发展产生了重大影响。蒙哥汗是一位保守主义者，他所施行的仍然是传统的政策。这种带有浓厚的蒙古部族和西域色彩的政策，已极不适应统治广大中原汉地的需要。而忽必烈则是蒙古统治集团中少有的倾慕汉文化之士。因此，钓鱼城之战的影响已远远超越了中国范围，它在世界史上也占有重要的一页。

　　第二次是元朝统治期间。元朝对西南少数民族地区先后采取了一些不同的措施，最终使西南少数民族地区稳定下来。元朝开国皇帝忽必烈十分重视对西南地区的经营，忽必烈第三子安西王忙哥剌、第五子忽哥赤、第七子奥都赤、嫡孙甘麻剌等都曾长期受命管理云南、四川两个行省。蒙古诸王是当时西南地区统治体系的核心，这些受命管理西南的皇子及各级将领、官员、士兵有的后来回北方或调往他省，有的继续留驻四川、云南各地，仅四川一省蒙古人就达十多万，明代又陆续有少数蒙古人入川。自蒙古兴起到元朝灭亡的一百六十年间，有大批蒙古人自北方故地向南迁徙，蒙古人南迁带来了民族杂居与民族融合。从 1271 年忽必烈建立元朝到 1382 年元朝最后一个梁王把匝

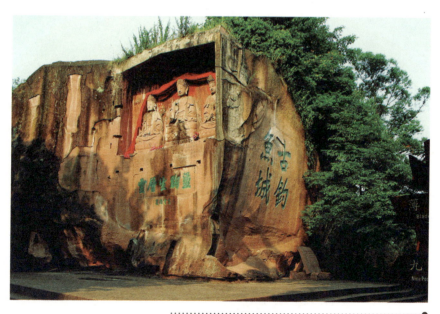

位于重庆市合川城东 5 公里的古钓鱼城

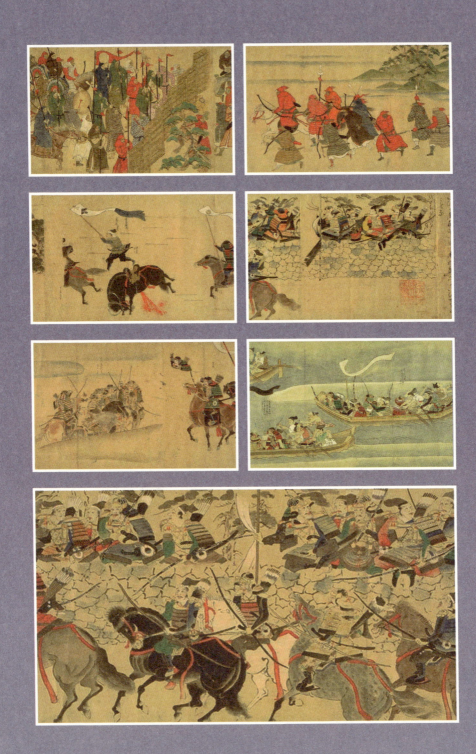

蒙古族远征绘图

元世祖忽必烈

《明太祖实录》

《明太祖实录》记录中国明朝
明太祖、建文帝两朝皇帝的事迹。
该书原起元至正辛卯（1351年），
迄洪武三十一戊寅（1398年），首
尾四十八年。

剌瓦尔密结束对云贵高原的统治，蒙古族在西南地区已定居了100多年。

第三次是元朝大逃难时期。元惠宗至正年间（1351～1366年），爆发了反抗并推翻元朝的红巾军起义，以红巾军为主力的农民起义军沉重打击了元朝的统治，在红巾军的影响下，全国各地农民纷起响应，1368年9月14日，元惠宗妥欢帖睦尔被迫退出元大都（今北京）回到漠北草原建立北元政权，至此，元朝对中原的统治基本宣告终结。而此时，元朝最后一位梁王把匝剌瓦尔密仍坚守云南，其统治区域包括今四川、贵州大部及云南全境，而且每年都遣使去漠北觐见北元皇帝。直到1382年1月6日，明朝大将傅友德率明军攻入云南，梁王把匝剌瓦尔密自杀后才结束了元朝在西南地区的百年统治。

元亡后，除一部分蒙古人随元顺帝北遁沙漠外，大量久居内地的蒙古人只能留下来。明洪武元年（1368年）朝廷于二月下诏：“诏复衣冠如唐制”，“其辫发椎髻、胡服、胡名、胡姓，一切禁止。”（《明太祖实录》卷三十）洪武三年（1371

年）四月，又诏："禁蒙古色目人更易姓氏。"又在《大明律》中规定，"不许本类自相嫁娶"。这反映了明初内地蒙古族为避祸而改为汉姓和改变服饰、语言、习俗的情况，加之他们"皆错居民间"，与其他民族通婚等等，加速了他们的汉化步伐。

在朱元璋的严刑酷法之下，洪武元年的禁胡令产生了广泛效应，特别是在江南，出于生存发展考虑，散居各地的蒙古人和色目人绝大多数都改换了姓名，如果仅从姓名看，已经很难分辨他们的族属。明朝景泰、天顺年间的理学名臣丘浚曾说："国初平定，凡蒙古色目人散处诸州者，多已更姓易名，杂处民间，如一二秭稗生于丘垄禾稻之中，久之，固已相忘相化，而亦不易以别识之也。"但出乎明朝统治者意料的是，蒙古人虽然表面上更姓易名而杂处民间，但他们并未完全忘记自己身份，并且通过传家诗歌、书写族谱等形式将自己与祖先联系在一起。这些蒙古人的家谱中有许多暗示和隐喻，以流传于西南地区的蒙古族《余氏族谱》为例，其明朝版本记述其先祖铁木健的表述不尽相同，就在于家谱之中刻意隐藏了关于本族的重要信息，以防官府查获。虽然这在当时是明智之举，但也加大了后世子孙考证的难度。

其实，在推翻元朝的斗争中，很多蒙古族将领为明朝立下了赫赫战功，其中有的被明朝皇帝赐姓、封官并载入《明

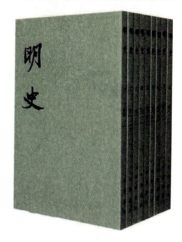

《明史》

《明史》包括本纪二十四卷，志七十五卷，列传二百二十卷，表十三卷，它是一部纪传体断代史，记载了自朱元璋洪武元年（1368年）至朱由检崇祯年（1644年）二百多年的历史。

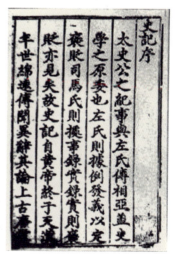

《明史》

● 明朝蒙古族大将俞廷玉画像

俞廷玉

　　俞廷玉，明朝开国功臣，本名秀一，姓玉里伯牙吾氏。朱元璋准备夺取江南地区时，苦无舟船，天堑难渡。俞廷玉带领水军来投，并攻取太平等地，协助朱元璋建立了根基。后战死，追封为河间郡公。

● 俞氏祠堂

史》。如：玉里伯牙吾廷玉，本名秀一，更名俞廷玉；把都帖木儿，帝赐姓名吴允诚；蒙古王子也先土干，帝赐姓名金忠；答兰，更名吴克忠；哈铭，更名杨铭；干巴图帖木儿，更姓干。其中，明朝开国大将俞廷玉与西南蒙古族俞、余、于姓便是同族。

　　在今天安徽省巢湖市城北数公里处，有一俞府大村。600多年前，由此村走出的俞廷玉父子投身巢湖水师并成为中坚，出生入死地帮助朱元璋东渡大江，为奠定明王朝基业立下了不可磨灭的功勋。据《明史》及《俞氏宗谱》记载，俞廷玉被册封为河间郡公；其长子俞通海先册封为豫国公，后改封为虢国公；仲子俞通源被册封为南安侯，并"赐铁券，给宝钞，于巢县盖宅（即俞府村）"；季子俞廷渊被册封为越巂侯，世守建南（即今四川凉山攀枝花地区）。一家之中，父子四人册封"两公两侯"者，实属罕见。

　　其中，俞通渊后裔从明朝开始就居住于四川西昌，据四川西昌姜坡俞通渊后裔述，他们从明万历四年（1577年）所编修的《俞氏宗谱》中查证悉知，所谓"铁券"者，乃御笔所赐"赦免不赦之罪"的诏书。因系皇帝用朱笔所书，自然是其中只字片言均不得更改，缘此，后人遂称之为"丹书铁券"。俞通渊一脉，至今已越600年，均聚居在俞府村，宗谱已相继四续，宗祠今又新建，族众达四五百户，相传26世。

● 庐阳桥上分手别 ●

铁木健是蒙古族余姓公认的始祖，各种版本的《余氏家谱》都记载有始祖铁木健（或写铁木见、铁木儿）。由于历史背景、民族文字、史料遗漏等因素的影响，铁木健这个名字直到最近几年才从民族文字学上阐释清楚，铁木健即铁木儿的汉译名字。

目前，蒙古史专家以及相关学者对于蒙古族余姓不存在族别和族源的争议，研究的重点是铁木健后裔更易姓氏的历史背景和家族逃亡路线图。

据《余氏家谱》记载，铁木健生于13世纪中后期，卒于14世纪中叶。母亲潘氏，妻张氏、洪氏，育有九子一女，九个儿子为秀一、秀二、秀三、秀四、秀五、根六、根七、根八、根九，女儿根十。这一记载确实与俞廷玉后裔的《俞氏族谱》极为相似。蒙古族余姓的传家诗有一句是：余字原无三两姓，一家分作万千家。这所谓的三两姓应该就是指俞、余、于三个姓氏。

《四川蒙古族》一书记载："明时，有部分驻防江南、安徽、江苏、湖南的蒙古族统帅和军户，随着红巾军起义，朱元璋的崛起，元朝王

红巾军起义

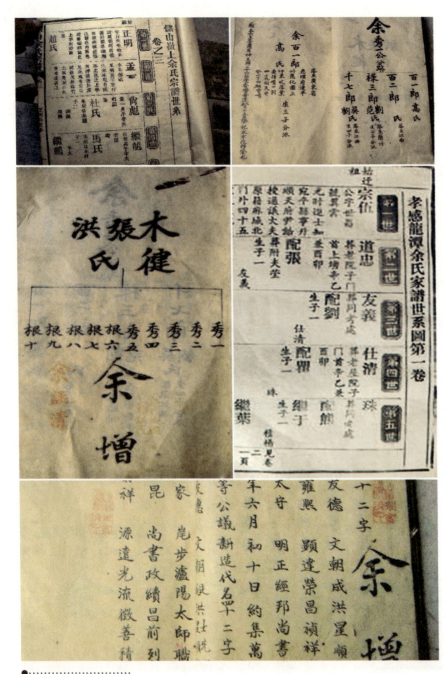

《余氏家谱》

室北迁而无法北撤，退到当时属蒙古人统治的地区。驻谭州（今武汉、湘潭等地）的拖雷支系的一支人马，从谭州顺长江撤出后，驻在长江沿岸万县、忠县、开县等地及酉阳、秀山、石柱、彭水等大山中，改姓谭，少数改姓花、张、余……"

1984 年 11 月，重庆彭水第二期《绿阴轩》专刊《血泪凝诗句、僻壤隐天骄——向家坝蒙古族的由来考察记》一文记载：1368 年秋，朱元璋军队攻进大都，推翻元帝国统治，先后攻克西北、东北和西南广大地区，把原来居于统治地位的蒙古族人往中国南部驱赶。元朝末任皇帝奇渥温妥懽帖睦尔八弟兄被逐散后，向南溃逃，其中五兄弟逃到四川。1374 年，朝廷派兵入川征剿，五兄弟被追到凤柳江边桥头（今嘉陵江畔合川一带），决定解散自求生路，盟誓吟诗："本是元朝帝王家，洪军追散入川涯。绿杨岸上各分手，凤柳桥头插柳桠，各奔前程去安家。咬破指头书血字，挥开眼泪滴痕沙，后人记得诗八句，五百年前是一家。"五兄弟中一人改姓谭，流落在今天的奉节地区，定居 240 多年，繁衍九代子孙。

云南沾益《余氏族谱》载："始祖铁木见南平王也，职任东路蒙古军元帅……"宁蒗《余氏族谱》载："先祖铁木耳元太祖铁木真后裔也……"巧家《余氏族谱》载："先祖铁木健元朝东路不花元帅也，世镇辽东铁龙山……"重庆《铁改余氏宗谱》载："始祖铁木健元朝东路不花元帅，主军事征伐……"此外四川大邑、合江、威远、青神、洪雅、仁寿、内江等地《余氏族谱》和犍为余氏《蒙族源流》中也有大致相同的记载。

● 铁改余姓韵味长 ●

由于历史的原因，云南、贵州、四川、重庆生活着近 7 万名蒙古族民众，其中成吉思汗的后裔奇渥温部约占半数以上。几百年来，他们发展了一套与西南山区的环境相适应的生产生活方式，原来的游牧文化也随之发生了变化。但是，他们仍通过家谱、墓碑、口授的方式，传承着家族的历史和自己作为蒙古人的执著信念。

将流传在四川西昌的《俞氏族谱》、重庆彭水的《谭氏族谱》、贵州大方的《余氏族谱》、云南沾益的《余氏族谱》综合起来做分析，一个元末皇室贵族向西南求援、逃难的历史故事便清晰地呈现出来了。

元朝蒙古族诗人萨都剌所作《纪事》诗载有：

当年铁马游沙漠，万里归来会二龙。

周氏君臣空守信，汉家兄弟不相容。

只知奉玺传三让，岂料游魂隔九重。

天上武皇亦洒泪，世间骨肉可相逢？

这首诗记述了元武宗两个儿子元文宗、元明宗手足相残的宫禁秘事。参与这场宫廷内斗的重要人物便是今四川西昌俞姓蒙古族的先祖蒙古东路元帅不花帖木儿的亲侄子燕铁木儿。元泰定帝死后，燕铁木儿在大都发动政变，拥立元文宗称帝，文宗任命他为中书右丞相、知枢密院事，封太平王。之后，燕铁木儿杀元明宗，加封太师。元文宗死后，燕铁木儿因杀害元明宗（元惠宗妥懽帖睦尔生父），因而他极力阻止居住广西静江（今桂林市）的妥懽帖睦尔即位。元惠宗即位前，朝廷太史的看法是："不可立，立则天下乱。"1333 年五月，元朝丞相燕铁木儿去世，六月，元惠宗在元上都登基称帝。

元惠宗孛儿只斤·妥懽帖睦尔（又译脱欢铁木儿）为元朝最后一任皇帝，他即位后立燕铁木儿之女玉里伯牙吾氏为后，称答纳失里皇后，燕铁木儿之弟撒敦为太傅、燕铁木儿之子唐其势为中书左丞相，立辅佐他登基的伯颜为中书右丞相。由此，玉里伯牙吾氏家族在元朝达到最鼎盛时期。元朝历代皇帝出自尼伦蒙古的孛儿只斤氏家族，皇后出自迭弘吉剌氏（亦称翁吉剌）家族和伯岳吾（亦称玉里伯牙吾氏）家族。玉里伯牙吾氏家族出过两任皇后、三任丞相。树大招风，玉里伯牙吾氏家族的风光遭到右丞相伯颜的妒忌，他多次诬告唐其势造反，最后伯颜诛杀唐其势，将皇后玉里伯牙吾氏逐出皇宫，后来，伯颜又罗织罪名将其毒死于开平（今内蒙古下蓝旗石别苏木）。仅仅当了三年皇后的玉里伯牙吾氏就这样香消玉殒，最终在伯颜的打击报复下玉里伯牙吾氏家族被迫南逃至庐州（今安徽）巢湖一带隐居并取玉里伯牙吾第一个字的谐音余、俞为姓。

伯颜扳倒玉里伯牙吾氏家族后，更加骄横跋扈，身兼有三十八职，官衔长达二百四十六字，创下中国历史之最。他出城时的护卫塞满大街小巷，而皇帝却没有几个侍兵。当时是"天下之人唯知有伯颜而已。"他甚至扬言要杀绝张、王、刘、李、赵5姓汉人，这些倒行逆施，更激发统治危机，终于导致了轰轰烈烈的元末农民大起义——红巾军起义。

1352年（至正十二年），朱元璋准备夺取江南地区时，苦无舟船，

元惠宗孛儿只斤·妥懽帖睦尔

伯颜

《元史》

《元史》是系统记载元朝兴亡的一部纪传体断代史，全书共二百一十卷，由宋濂（1310～1381年）、王祎（1321～1373年）主编。

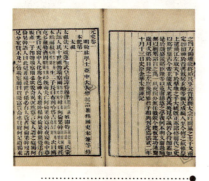

明朝修订的《元史》

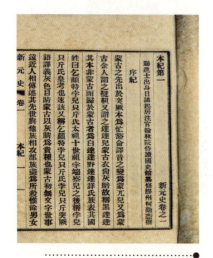

清朝修订的《新元史》

天堑难渡。俞廷玉率领三个儿子及其巢湖水师在庐阳（今合肥）巢湖帮助朱元璋进行反元斗争，这是元朝末期的蒙汉联军。由此可以看出，元朝末期的反元战争并非是纯粹的民族战争，而是人心所向的政权更替。

1368年9月14日，明朝开国将领徐达率军向大都进发，至齐化门，令将士负土填壕，登城而入。徐达杀掉了83岁的元朝监国宗室淮王帖木儿不花和右丞相张康伯等人，并俘元王子六人，从根本上结束了元朝在中原的统治。元朝灭亡的这一年，朱元璋即下诏编修《元史》。《元史》的史料来源有四：一是实录，二是《经世大典》，三是文集碑传，四是采访。两次纂修，历时仅331天便完成了，对于许多逃亡的元朝贵族没有记载而疏漏。此时，元梁王把匝剌瓦尔密管辖之下的云贵地区还有十余万元军策应北元皇帝的军事行动。当时中原多数元朝贵族及军队、扈从相继绕道四川，准备逃到梁王把匝剌瓦尔密控制下的云贵地区，到达四川后，这些人受到大夏国陈友谅红巾军的围剿和伏击，随行的军人大部分战死，其余不能作战的贵族相继变易服饰、隐姓埋名。后来他们听闻四川、云贵等地的彝族土司大部分都臣服了明朝，梁王政权面临瓦解，于是他们选择在四川行省境内的大山深处隐居下来，形成了后来的更易姓氏的蒙古族。

　　关于蒙古族俞姓和余姓易姓历史，内蒙古一些专家认为：元末，玉里伯牙吾氏族谐音最初是用汉字余，俞廷玉最早也用余字，其余几个弟弟也一直使用余字，俞廷玉归附朱元璋后，有意把姓改成俞字，以区别其余兄弟，避免起义失败使整个家族受到株连的境遇。元惠宗孛儿只斤·妥懽帖睦尔是俞廷玉的堂姐夫（俞廷玉与皇后玉里伯牙吾氏属于堂兄妹），而皇后玉里伯牙吾氏在位三年，《元史》没有记载她与皇帝的子嗣，但民间传言伯颜毒死玉里伯牙吾皇后之前，已将元惠宗之子秘密遣送江南，待抚养成人后拥立为帝。但是，皇子在十几岁时便迎来了元朝灭亡，迫不得已跟着娘舅玉里伯牙吾氏家族西逃。在当时的禁胡令以及追杀下，迫不得已易姓氏为俞或余。

贵州铁改余姓蒙古族祭祀成吉思汗陵

● 返本归原 ●

　　贵州蒙古族以余姓占绝大多数，并且基本上是明清之际由四川迁入落籍。根据《余氏家谱》和大量墓碑证明，在明末清初，由于四川发生动乱，余姓蒙古族由四川辗转迁入贵州毕节市的大方、黔西和铜仁的思南、石阡等地，落籍为业。贵州省蒙古族最多的大方县，在民族识别工作中，经过调查，发现全县基本上各个乡（镇）都有蒙古族分布，均由四川辗转迁来。

　　以《余氏家谱》为族谱的余姓蒙古族的共同点是：族谱的记载与他们的心理认同相吻合，在姓氏渊源上为了藏匿原来真姓，由原来的"鐵"改"金"然后去掉"金"下面的一横改为余姓。据大方县八堡乡海龙村树龙四组余琪俊保存的黔西县林泉镇西溪余家寨余大刚于1896年修订的《余氏家谱》记载：

铁秀一等十人行至凤锦桥边，商议隐姓埋名一事，他们议道，铁属金，为了不改变其本质，决定改姓金，但还是怕被人发觉，于是有人提议去掉金字下边的一横，改为姓余，大家一致赞同。就这样，他们决定改铁姓为余姓，并表示永世不改。余姓家族要求子女和后人从小就背诵族谱中盟誓的诗句，以期世代牢记。

改铁为余的故事，在大方县余姓保存下来的明嘉靖三年（公元1524年）撰修的《余氏族谱》也有记载：

"我余氏祖姓奇渥温，胡人也。入华夏而起朔漠，初号蒙古，铁木真出焉。不料红巾扰乱天下，又被奸臣诽谤，元顺帝听信奸臣之言，有诛吾九族之意，统家窃负而逃，来至四川，改铁为余，余字万代不改，一行来至凤锦桥，人多影大，难以一路，乃联诗盟誓遗嘱作证，四散各处。"

诗曰：

余本元朝宰相家，红巾构祸入西涯；
庐阳岸上分携手，凤锦桥边插柳桠；
否泰是天皆是命，悲伤思我又思他；
余字原无三两姓，一家分作万千家；
十人誓愿归何处，如梦云游浪卷沙；
后来贫富须相认，千朵桃花共树发。

1983年1月29日，大方县余其鸳、余洪涛、余尚谦、余尚书、

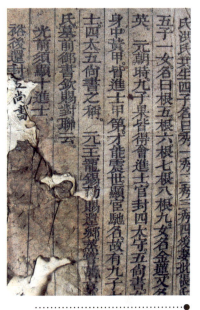

明朝版本的《余氏族谱》

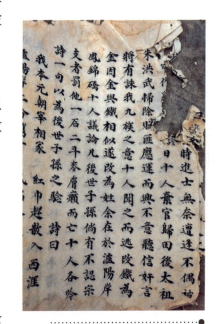

清朝版本的《余氏家谱》

余尚友联合签名正式提出申请返本归原，恢复蒙古族族籍，此事得到大方县人民政府的高度重视，政府组织了专人进行调查研究。

龙燕坪的余姓和理化乡余姓于明末迁来贵州遵义，辗转迁居黔西沙窝，后又迁居大方九里箐，然后分居龙燕坪、理化。

达溪镇的坝子和新寨的余姓，系由四川南通永宁府东荣里二甲抄手岩迁至大方达溪镇的坝子和新寨一带居住。

达溪镇的烂田湾、瓢井镇中洞的余姓，系由四川内江、成都、宜宾辗转迁至叙永，然后迁到大方。

达溪镇的雨沙、堡朵、余家寨的余姓，系由四川迁到遵义迁石笋、白岩脚居住。

百纳乡撮坝的余姓，系经商来到六龙白岩脚，后到撮坝居住。

贵州蒙古族人口

据第六次人口普查数据，贵州蒙古族人口约5.6万人。

马干山草原上的蒙古族

高枧、瓢井下寨的余姓于明崇祯二年（1629年）八月，因盗贼四起，由四川古蔺举家迁往大方余家塘定居，然后散居。

八堡乡甘沟余姓，系由四川、重庆来黔经商，在毕节海子街被盗，流落小坝后到八堡乡甘沟定居。

兴隆乡的石板二洪岩余姓，清乾隆三十五年（1770年）由遵义府迁居到遵义绥阳桑木坝，然后迁至大方。

马场镇的牛场方井余姓，由四川迁至大方余家塘，后移居到方井。

铜仁市余姓蒙古族多数分布在思南县、石阡县。据族谱记载，在明末清初，其祖先由江西经四川辗转而来。祖先为三兄弟，即余朝德、余朝拨、余朝三，余朝三定居思南县塘头镇，后又历经辗转，后裔分布在今思南县的大河坝、英武溪、张家寨、许家坝、大坝场、塘头和石阡县的孙家坪、龙洞、坪地、中魁等地。

贵州蒙古族人数最多的三个县是大方县、思南县、石阡县，三地蒙古族人口占全省蒙古族总数的77%。主要是以余姓为

贵州蒙古族分布

贵州的蒙古族大部分居住在毕节市的大方县，铜仁市的思南县、石阡县。此外，在毕节市的黔西、金沙、纳雍等县，遵义市的遵义、仁怀、凤冈、湄潭等县，铜仁市的印江土家族苗族自治县，黔东南苗族侗族自治州的施秉、镇远、岑巩等县，黔西南布依族苗族自治州的兴仁、贞丰等县均有分布。全省的87个县（市）中有68个居住有蒙古族。

凤山彝族蒙古族乡举办的文体活动

主，占全省蒙古族的80%以上。仅大方县的余姓蒙古族就占全省蒙古族总人口的46%，主要居住在该县凤山彝族蒙古族乡和邻近乡镇。

1984年10月30日，大方县民族识别办公室根据贵州省人民政府黔府(81)112号文件和国务院人口普查领导小组、公安部、国家民委(81)民政字601号文件的精神，将调查结果上报县人民政府审批认定。经过认真审查，大方县人民政府于1985年7月20日复（1985）05号文件批复：大方县民族识别办公室：你办大方余姓返本归原蒙古族的申请，组织本民族干部经过一年多的调查，查明大方余姓确系蒙古族铁氏后裔，经县长办公会议审议，认为大方余姓申请返本归原为蒙古族是有依据的。

此后，贵州省铜仁市石阡县、思南县、毕节市黔西县等的余姓群众，根据他们所拥有的《余氏家谱》，改族籍为蒙古族。

马干山草原上身着蒙古族服装的妇女

● 秀美凤山 ●

　　由于历史的原因，西南地区蒙古族普遍存在与彝族杂居在一起的情况，如四川省凉山彝族自治州、贵州省大方县、云南省通海县等地的蒙古族聚居地都在彝族聚居区域内，长期的共同生活聚居使得这些地方的蒙古族受彝族文化影响很深，并且两族通婚的比例较高。贵州境内的彝族同胞，绝大部分集中在乌蒙山区，而这一地区也是蒙古族

大方县凤山彝族蒙古族乡

大方县凤山彝族蒙古族合影

人口最多的地区。

　　毕节市大方县是贵州蒙古族人口最多的地方，占贵州蒙古族总人口的 46% 以上。贵州各市县的蒙古族大多数是从这里逐渐分散出去的。

　　1992 年，大方县凤山彝族蒙古族乡成立，这是目前贵州唯一的一个以彝族和蒙古族命名的民族乡。这里有 5 万亩草场，彝族和蒙古族同胞和睦相处，共同生产、生活在这片美丽的草原上。长期以来，由于分散居住的原因，包括贵州在内的西南地区蒙古族基本上没有自己的建筑特色。近几年，毕节市大方县凤山彝族蒙古族乡斥资改造了马干山草原周围的蒙古式建筑，于是，蒙古包成了当地特色民居新的一景。

马干山草原上射箭的蒙古族和彝族青年

马干山草原上蒙古风情园内的蒙古包群

● 温泉之乡 ●

石阡县河西村蒙古包

石阡县河西蒙古族文化馆

　　铜仁市石阡县中坝镇河西村是以余姓蒙古族为主体的村落。河西村距石阡县城8公里，这个村共有蒙古族280户、1000余人，全为余姓。

　　据河西村余姓族谱记载，河西村蒙古族系由余广公于清顺治年间（1644～1661年）定居于石阡的，余广公后裔主要聚居在石阡中坝的江坡、雅雀口、六井坡，至今已有三百多年的历史，繁衍至第二十九代。

　　河西村大部分村民在1985年恢复成蒙古族。2003年，贵阳医学院曾在河西村进行民族基因库的搜集工作，把他们作为贵州蒙古族的代表提取了部分村民的血液、头发、指甲等进行保存。

　　河西村是一个风景秀丽的山村，这里空气清新，清澈的河水围着村子流过，木制的房屋坐落在青山绿水之间，并拥有丰富的温泉资源，犹如一个世外桃源。远远望去，整个村落的屋顶一律白色镶边，屋顶的两端各有一个蒙古包的标志，屋檐两边各有一个马头，千里田园在白云中若隐若现，美不胜收。

　　河西村蒙古文化馆里供奉着成吉思汗像，另外陈设着蒙古象棋、蒙古马鞍子、蒙古语书籍、弓箭等一整套的展品，政府还为河西村采购来了一顶蒙古包、定制了贵州特色的蒙古袍子。在政府的支持下，河西村的蒙古文化开始逐渐恢复。由于河西村是一个拥有温泉资源和民族文化资源的民族村落，当地的中坝镇政府计划利用5～10年，把河西村打造成以蒙古文化为主的乡村旅游示范点。

石阡温泉名胜区

● 檬子树下忆先祖 ●

　　清朝初年，铁改余姓蒙古族先祖之一的秀一公余清 11 世孙余永都由四川迁入贵州省遵义县三岔镇红星村，随着后续迁至此地的族人数量增加，此地有了余家湾的称呼。

　　据传，当时此地人烟稀少，还比较荒凉，余永都到此地时，见路边有一口井水清澈透底，就把身上的褡裢挂在这口井边的一棵银杏树上后，探身饮水，饮完水休息了一阵子就继续朝前走，准备到西坪镇去，刚走到三岔河马道子时，才想起装钱物的褡裢挂在了

檬子树

　　檬子树，拉丁名是 Xylosma racemosum，是大风科柞木属植物，灌木或乔木，高 2～15 米，有刺。叶革质，卵形至长椭圆形，总状花序腋生，有种子 2～3 粒，花期五月，果熟期 9 月。

檬子树下忆先祖

檬子树

刚才的饮水处。他急忙赶回去寻找，看见褡裢还在树上面挂着，他认为这是上天有意留他，于是就在此安家落户。

　　余永都去世后与其妻袁氏合葬于村后山坡，坟后栽有一棵檬子树，因为"檬子"与"蒙子"同音，寓意蒙古之子，祖上种植它的原因的就是告诉后代不要忘记自己是蒙古族。历经几百年的生长繁衍，如今这棵檬子树枝繁叶茂，已成为当地重点保护的树木。余家湾的村民在此生活了三百多年，生活在不断地发生变化，唯一没有变的是对自己是蒙古族的那份执著。虽然，生活迫使他们改变了风俗，但是骨子里那份对祖先是蒙古族的信念却一直很坚定。

　　余家湾的村民至今还会饮用这口井的泉水，还用井水来清洗蔬菜，用这清澈的泉水洗出的葱让人口馋。清澈的泉水，加上这绿油油的葱，清淡而火辣的生活在这里延续着。整个村子都融入在这青山绿水中，村子的田地种满了葱，绿油油的一片一片。另外，该县石板镇秀一公后裔余茹明与配偶合葬墓左侧种了一棵马桉树，寓意马鞍。至今，那口水井都默默记录着蒙古族的生活习俗。

● 黔西·蒙古遗迹 ●

驰骋水西的骏马

元朝十四个大牧场之一的亦溪不薛牧场的核心位置就在今天的黔西。元朝初年，彝族阿哲部归附元朝后封赐此地，朝廷在黔西县设置亦溪不薛总管府和宣慰司，"亦溪不薛"是蒙古语，即河水之西。在乌蒙山区历史上有两种有名的马，一种是作为战马的水西马，一种是用于运输的"后勤马"——乌蒙马。

现今，黔西县尚留有"官马槽""洗马槽"等遗址，就在黔西县沙井苗族彝族仡佬族乡境内。历史上，沙井乡是黔西县西南面的一个军马牧场，闻名中外的黔西"水西马"作为明朝地方官向朝廷进贡的贡品就出自沙井乡罗都村，罗都村至今还有遗迹可供考证。

元朝初年，蒙古马虽然驰骋到了欧洲，但却适应不了云贵高原的山路。彝族自古养育的水西马在那个时代被称为"爬山虎"。蒙古军队进入贵州之后，他们在乌蒙山地区很快找到了彝族的水西马来进行山区作战。蒙古族向来逐水草而居，因黔西境内百里杜鹃草原及其周围淡水湖泊众多，所以这里成了元朝蒙古军队驻扎的理想营地和牧场。

据《大定府志》记载：元世祖至元二十年（1283年），忽必烈令皇孙铁木儿不花驻扎营亦溪不薛，置牧厂于其地。《黔西县志》记载：县城南30公里的沙井乡金钟村康乐坝一带，有罗都和牧厂拦马墙等地

黔西县绿化乡境内的大海子

内蒙古电视台记者拍摄黔西县
沙井乡境内的元朝牧场遗址

黔西县水西马雕塑夜景

名，人们认为这里在元代是亦溪不薛牧场的范围。这些地方比较平坦，河流、龙潭和淡水湖多，土地肥沃，最适宜放牧。

海子的由来

黔西县遗留的最显著的蒙古文化特征就是称湖泊为"海子"，如柯家海子、龚家海子、甘家海子、哆啰坝海子、黑石头海子、雷家海子、王家海子、马洪塘海子等地名。其中，柯家海子群系贵州省三大喀斯特高原天然湖群之一。由于漠北缺水，所以蒙古族对水域的语言非常贫乏，只使用"海子"和"河"两个词，遇到水面开阔的水泊，蒙古族习惯将其称作"海子"，比如今天的贝加尔湖，当年被称为"捕鱼儿海子"，今天的呼伦湖，当年被称为"阔连海子"（详见《元朝秘史》）。元朝时，蒙古族入主中原，定都北京，称大都，他们的生活习惯与文化也随之传入，从那时起，北京的湖开始称为"海子"，后来简称为"海"。这就是北京的湖称为海的由来。

案几显族源

黔西县协和彝族苗族乡一位余姓蒙古族人家中，保存着距今400多年的案几，上面雕刻有骑马射雕、香炉松鹤等反映蒙古族特征的图案，尤其是骑马射雕图案马脚下的八思巴蒙古文记录着铁改余姓显赫的家族历史。

● 墓碑上的传家诗 ●

兴义市威舍镇猪场村的余伦启是一位七十多岁的蒙古族老人。他家立于民国初年祖坟的碑文上铭刻的就是反映铁改余姓蒙古族历史的传家诗，碑文是民国初年余伦启祖辈去世后撰写的，虽历经百年，但碑文上刻的"本是元朝帝胄家，红巾赶散逃西涯"的文字依然清晰可见，这对于研究贵州铁改余姓蒙古族具有很珍贵的历史价值。

余伦启的祖宗至死不忘将他们祖祖辈辈流传的这首传家诗歌刻在墓碑上，告诉后代铭记自己蒙古族的身份。

余伦启还是红军村的知名人物，因为他的父亲与中国红军有一段难解之缘。1935年4月23日，红军与国民党军进行了一次激烈的"威舍战役"，贺子珍在这次

墓碑上的传家诗

内蒙古电视台记者采访余伦启

余伦启收藏的马鞍子

战役中身负重伤，之后在余伦启家疗伤。而他家也是当时的红军电台临时指挥部。如今，贺子珍疗伤处及红军电台指挥部两个景点就在蒙古族老人余伦启家里。他们家至今保存着当年红军遗留的马鞍子。

余伦启的祖父用白帆布在马鞍子下面写了一首诗："此物贵如金，流传后代人。有朝一日到，见物如见人。"然而，直到余伦启的父亲过世也没有人来找这副马鞍子，这一放就是80多年，于是这副马鞍子就成为他们家中最珍贵的"传家宝"了。

● 敖包祭礼长生天 ●

　　贵州蒙古族虽然远离草原，但他们对于祖辈留下来的文化风俗没有淡忘。蒙古族余姓历经几百年时间不断续写着自己家谱，是蒙古族人执著的精神体现。贵州蒙古族与当地兄弟民族和谐共处的同时也保存着自己的风俗传统。

　　蒙古民族以"苍天"为最高神，谓之"长生天"（蒙语读作"腾格里"）。在蒙古人的观念中，至高无上的权力由天神"长生天"授予一位地上首领，由首领统辖四方，管理大众。成吉思汗就是这样一位首领。作为天神选定的代表，成吉思汗受到"长生天"的保护和扶植，保证他军事与政治的冒险能够永远成功。

　　在茫茫草原上前行，时常会看到用大小石块累积起来的巨大石堆，石堆中插着柳枝，饰以五颜六色的经幡，当地人谓之"神树"，也就是敖包，敖包顶直指苍天，

萨满教

萨满教是蒙古族古老的原始宗教,崇拜多种自然神灵和祖先。成吉思汗信奉萨满教,崇拜"长生天"。直到元朝建立,萨满教在蒙古社会仍占统治地位,在蒙古皇族、王公贵族和民间中仍有重要影响。皇室祭太庙、皇帝驾幸上都时,都由萨满教巫师主持祭祀。

● ·······················
蒙古萨满巫师

人们将它视为看得见摸得着的"长生天"来祭拜、祈祷。由沙石堆起的敖包被信仰万物有灵的蒙古人视作天神地母的象征,石堆上的柳枝则是"通天神木",萨满教的祭司通过祭祀敖包就能与蒙古人的最高神"长生天"进行交流。而恋人在敖包下相会,也是要上天为自己的爱情作见证。

敖包是蒙古族的重要祭祀载体。祭敖包是蒙古民族萨满教隆重的祭祀之一。

蒙古族传统的敖包祭祀形式大致有三种。一是血祭,即宰杀壮牛肥羊供奉在敖包前以祭祀神灵。二是洒祭,就是"洒注礼",即在敖

敖包

包前滴洒鲜奶、奶油、奶酒等物以祈求幸福。到了近代，还增加了白酒、点心等祭物。三是火祭，即在敖包前将成堆的干树枝或干牛马羊粪点燃，祭祀者排队绕火三圈，边转圈边念着自家的姓氏，然后供上祭品，把全羊投入火堆里。火烧得越旺越好，因为这象征家族兴旺。除祭祀礼俗外，由敖包祭祀又衍生出了一些特殊的礼俗。现代蒙古族人祭祀敖包，实质上就是传统祭祀神灵、赐福消灾习俗的传承。

敖包之所以多数选择石头和树枝建筑，是与蒙古族的崇石、崇树的习俗密不可分的。蒙古族有"人自石出"的神话传说，将石头与生命联系在一起。蒙古族先民还崇拜各种树木，特别是崇拜树干挺拔、绿荫葱郁的大树。

祭敖包的时间，一般选择在农历五月或七月。每年农历五月，绿草遍野，燕子北归，蒙古族就开始祭敖包活动。牧民从四面八方云集于敖包下，用松柏、红柳、五彩花卉将敖包装饰起来，在敖包前摆设奶制品、糕点等供品，正面桌上摆放全羊。祭奠仪式由深孚众望的长者主持，主持人亲自向敖包焚香、敬酒、献哈达、唱祭歌，并请喇嘛念太平经。此时，漫山遍野前来祭祀的人们跪

敖包

敖包是蒙古语，意即"堆子"，也有译成"脑包""鄂博"的，就是由人工堆成的石头堆、土堆或木块堆。原是在辽阔的草原上人们用石头堆成的道路和境界的标志，后来逐步演变成祭山神、路神和祈祷丰收、家人幸福平安的象征。

祭祀敖包的蒙古族

伏于地，三拜九叩，默祷"山神保佑风调雨顺，五畜兴旺，无灾无病，万事吉利。"祭奠仪式完毕，主持人将供品分送大家享用。同时开始游戏，主要项目为"男子三技"。随着社会的发展和蒙古族人民物质文化生活水平的不断提高，祭敖包的内容也更加丰富多彩。牧人在举行了传统的祭祀仪式后，还要进行赛马、摔跤、射箭、唱歌等多种具有民族特色的文体娱乐活动，并开怀畅饮，尽兴狂欢。其间，老年人要取出圣水给牲畜洒注，青年男女往往借此溜出，登山游玩，相互追逐，谈情说爱，约定终身。著名的蒙古族歌曲《敖包相会》中所唱的，就是这种青年男女在敖包前约会的情景。

敖包相会

六百年不变的"三月会"

　　贵州蒙古族祭祀中，最重要的是对成吉思汗的祭祀，日期为农历三月二十一日，称为"三月会"。随着交通环境日益改善，云南、贵州、四川、重庆等西南地区的蒙古族赴成吉思汗陵祭祖的人数也逐年提高。

贵州蒙古族同胞在家中祭祀成吉思汗

　　1227 年，一代天骄成吉思汗在征讨西夏时溘然长逝，蒙古族按照族规将其遗体"密葬"。相传他身边的人取下一把骆驼额头上的绒毛，吸收成

成吉思汗春祭大典

贵州蒙古族赴鄂尔多斯成陵祭祖场面

抬贡品祭成陵

撒牛奶祭成陵

吉思汗最后一口气，放进银制灵枢安放在白色宫帐里进行供奉。这些祭祀宫帐供奉有成吉思汗的遗物，对蒙古族而言是成吉思汗灵魂的象征。

成吉思汗陵坐落在内蒙古自治区鄂尔多斯市伊金霍洛旗甘德利草原上，距鄂尔多斯市区40公里，北距包头市185公里，属全国重点文物保护单位，其规模不算大，占地约5.5公顷，但颇有特色。蒙古族盛行"密葬"，所以真正的成吉思汗陵究竟在何处始终是个谜。现今的成吉思汗陵乃是一座衣冠冢，它经过多次迁移，直到1954年才由湟中县的塔尔寺迁回故地伊金霍洛旗，这里绿草如茵，一派草原特有的壮丽景色。成吉思汗陵现在已经成为内蒙古一处主要的旅游景点。

祭成吉思汗陵是蒙古族最隆重、最庄严的祭祀活动，其文化内涵的辐射与延伸都很深远。2006年，成吉思汗祭祀被列入中国首批非物质文化遗产保护名录。

蒙古族祭奠成吉思汗的习俗，最早始于窝阔台时代，到忽必烈时代正式颁发圣旨，规定了祭奠成吉思汗的各种祭礼，使之日臻完善。现今鄂尔多斯伊金霍洛的成吉思汗祭典，就沿袭了古代的祭礼。成吉思汗祭祀一般分平日祭、月祭和季祭，都有固定的日期。专项祭奠一年举行六十多次。祭品为整羊、圣酒和各种奶制品。

农历的三月二十一日，是成吉思汗陵查干苏鲁克大典（春祭）的主祭日。成吉思汗春祭大典是内蒙古草原一年一度规模最大、最隆重的成吉思汗祭祀活动。春季查干苏鲁克大祭、夏季淖尔大祭、秋季达斯玛大祭和冬季斯日格大祭并称"四时大典"。

历史上，成吉思汗陵的守护者和主持祭祀者为达尔扈特人，最初是从成吉思汗宫廷守卫者中挑选出的五百户人家。他们在每年的十二个月里不分昼夜一丝不苟地守护和

达尔扈特人

达尔扈特人，是蒙古族中专门为成吉思汗守陵的部落的人。达尔扈特是蒙古语，翻译过来的意思是"担负神圣使命的人"，至今为止，达尔扈特人已经忠诚地为成吉思汗守陵近八百年，人口现约有2000多人。

守护成吉思汗陵的达尔扈特人

贵州铁改余姓蒙古族祭祀成吉思汗陵

供奉成吉思汗陵寝及战旗苏勒德，不纳任何捐税，不服任何兵役，并拥有以祭奠成吉思汗的名义，征收募化祭祀用品的神圣权利。这些达尔扈特人由供奉成吉思汗陵寝的西牙门图德和守卫成吉思汗战旗苏勒德的东牙门图德两部分组成。牙门图德是主持成吉思汗祭奠，同时管理达尔扈特一切事务的人员。西牙门图德是由成吉思汗亲信博尔术后代及所属部落人组成。东牙门图德是由成吉思汗丞相木华黎后代及所属部落人组成。

● 高原上的"那达慕" ●

贵州蒙古族除了保留"三月会"祭祀成吉思汗陵以外，还有进行那达慕的风俗，毕节市大方县、黔西县、铜仁市石阡县等地区的蒙古族经常举行一些小规模的那达慕活动，传承着这一古老的风俗。

那达慕不在规模大小，两个人的摔跤、骑马、射箭比赛就构成最基本的那达慕。那达慕不限制参加的民族，任何民族的人都可以参加，竞技项目也都是开放的，所有的人都可以报名参加比赛。属于男人的那达慕项目被誉为"男儿三艺"，包括摔跤、赛马、射箭三项；属于女人的那达慕就是唱歌、跳舞、演奏。

大方县马干山草原的那达慕培训基地

近几年，随着贵州对民族节庆的重视，贵州的广大蒙古族同胞一直希望举办大规模的那达慕节，成为多彩贵州民族节庆的一部分。从 2011 年开始，毕节市大方县凤山彝族蒙古族乡政府先后投入上千万元建设蒙古风情园以及贵州那达慕培训基地，经过近三年的建设，贵州蒙古族那达慕基地已经初具规模。如今，这个那达慕培训基地面向贵州蒙古族进行摔跤、骑马、射箭以及唱歌、跳舞、演奏等全方位的培训。

蒙古式摔跤具有独特的民族风格。摔跤比赛时，摔跤手颈套五彩飘带"景嘎"（五彩绸缎编制的项链），上身穿"昭达格"（铜钉牛皮坎肩），下身穿宽大的套裤"班吉勒"（摔跤裤），腰系蓝、红、黄三色豪日"迈布齐"（腰带），脚蹬香牛皮蒙古靴。比赛开始前，摔跤手引领人们三唱摔跤歌，然后双方摔跤手跳着狮舞步或鹰舞步出场，互相搏斗。蒙古式摔跤不分等级，采取单淘汰制，决赛出冠军、亚军和季军，分别授予荣誉称号和奖品。

赛马是蒙古族最喜欢的竞技活动之一。蒙古族牧民从小在马背上成长，精骑术、驯烈马是一个优秀男子的重要标志。蒙古族

那达慕

"那达慕"是蒙古语，亦称"那雅尔"。"慕"是蒙语的译音。"那达慕"意为"娱乐、游戏"，用以表示丰收的喜悦之情。

大方县马干山草原的那达慕培训基地

石阡县河西村蒙古族余姓青年进行摔跤练习

马干山草原上的蒙古族青年和彝族青年比赛摔跤

骑马比赛

赛马分快马赛、走马赛等多种。根据马的年龄不同，赛程可长可短，一般要跑几十里。赛马多半为骟马，一般由蒙古族6～13岁骑手骑赛，比赛时也设裁判。赛马开始和结束时，都要高唱长调赛马歌。当冠军骑手跑到终点时，全场会热烈鼓掌，向骑手敬献马奶酒。赛马结束后，不仅要给前三名骑手重奖，还要对前几名赛马授予荣誉称号。蒙古族牧民常以最美的词汇赞美优秀骑手和良马。更有趣的是，按照习俗，蒙古族会对最末尾的马进行十分幽默的"祝颂"，并授予鼓励奖。对参赛违例者，则不予授奖。

射箭是蒙古族"男儿三艺"的重点竞技项目之一，有骑射和站射两种，男女老少均可参加。骑射最早用于狩猎和作战，是重要的军训项目。后来，蒙古族将射箭逐渐演变为民族体育运动项目。比赛进行过程中要唱专门的射箭"欧海"歌。比赛时，骑射为一马三箭，即每人每轮射三箭，三次共射九箭，以中靶的箭数多少评分，录取前三名授奖。站射以中环多少决胜负。

那达慕除了竞技体育项目以外，还有宴歌、跳舞、乐器演奏等。

宴歌是蒙古族庆典聚会上设宴待客时献歌的习俗。蒙古族民间宴歌，要根据宴会的内容和客人的年龄、身份来确定宴歌的曲目以及表演程序。一场宴歌往往由开场序歌、敬酒歌、上马歌等序列组成。蒙古族民间宴歌，大体上可分为"诗歌"和"花歌"两种类别。"诗歌"一般都是长调歌，并且一般都献给长者。"花歌"一般都是一些短调民歌，多为情歌、思乡歌和诙谐歌，当宴会的主要仪式和内容结束且长者退席之后，人们便开始自由地唱"花歌"饮酒取乐。过年、祝寿以及其他正规聚会和酒宴，都有专门的司仪和歌手进行献歌敬酒。歌手双手捧哈达，哈达上放着斟满奶酒的银碗，唱着宴歌献给客人。

安代舞是蒙古族传统民间歌舞。它由古代"踏歌顿足""连臂而舞""绕树而舞"等集体舞形式演变和发展而来。安代舞的表演形式由几十到上百人围成大圆圈，圈里由两名歌舞能手对歌对舞，众人呼应踩脚、甩动衣襟伴舞伴唱，形成热烈、欢腾的场面。现代安代舞基本上有两种表现形式，即广场自娱性集体舞和舞台表演性舞蹈。

马头琴演奏是那达慕大会的节目之一。马头琴是蒙古族民间拉弦乐器，是演奏蒙古古代长调的最好的乐器，它能够准确地表达出蒙古人的生活场景，如辽阔的

马干山那达慕训练基地练习骑马的蒙古族

马干山草原上的射箭训练

石阡县河西蒙古文化村村民进行射箭练习

凤山彝族蒙古族乡民族歌
舞团的蒙古族安代舞表演

安代舞

草原、呼啸的狂风、奔腾的马蹄声、欢乐的游牧等。

关于马头琴有一个凄美的传说。相传马头琴是一个叫苏和的小牧童发明的，苏和是由奶奶抚养大的，婆孙俩靠着二十多只羊过日子。苏和每天出去放羊，早晚帮助奶奶做饭。十七岁时，苏和已经长得完全像个大人了，他有着非凡的歌唱天赋，邻近的牧民都很愿意听他歌唱。

一天，太阳已经落山了，天越来越黑。可是苏和还没有回来。就在人们十分焦急的时候，苏和抱着一个毛茸茸的小东西走进蒙古包来。人们一看，原来是匹刚出生的小马驹。苏和看着大伙惊异的眼光，对大家说："在我回来的道上，碰上了这个小家伙，它躺在地上直动弹，我怕被狼吃了，就把它抱回来啦。"

日子一天一天过去，小白马在苏和的精心照管下长大了。它浑身雪白，又美丽又健壮，人见人爱，苏和更是爱得不得了。

一天夜里，苏和在睡梦中被急促的马嘶声惊醒。他急忙爬起来出门一看，只见一只大灰狼被小白马挡在羊圈外面。苏和赶走了大灰狼，一看小白马浑身汗淋淋的，知道大灰狼一定来了很久了，多亏了小白马，替他保护了羊群。他轻轻地抚摸着小白马汗湿的身子对它说："小白马呀！多亏你了。"

一年春天，草原上传来消息说，王爷要在喇嘛庙举行赛马大会，因为王爷的女儿要选一个最好的骑手做她的丈夫，谁要得了头名，王爷就把女儿嫁给谁。苏和也听到了这个消息，朋友们鼓励他，让他领着小白马去参加比赛。于是，苏和牵着心爱的小白马出发了。

赛马开始了，许多身强力壮的小伙子扬起皮鞭，纵马狂奔。到终点的时候，苏和的小白马跑到了最前面。王爷下令："叫骑白马的上台来！"等苏和走上看台，王爷一看，跑第一名的原来是个穷牧民，他便绝口不提招亲的事，无理地说："我给你三个大元宝，把马给我留下，赶快回去吧！"

"我是来赛马的，不是来卖马的呀。"苏和一听王爷的话，顿时气恼起来。

"你一个穷牧民竟敢反抗王爷吗？来人，把这个贱骨头给我狠狠地打一顿。"不等王爷说完，打手们便动起手来。苏和被打得昏迷不醒，还被扔在看台底下。王爷夺走了小白马，威风凛凛地回府去了。

苏和被亲友们救回家去，在

马干山草原上的彝族和蒙古族女性进行娱乐活动

马头琴

马头琴是中国蒙古族民间拉弦乐器。蒙古语称"绰尔"，琴身木制，约长1米，有两根弦，有梯形的琴身和雕刻成马头形状的琴柄，共鸣箱呈梯形，声音低回婉转。

马干山蒙古风情园的马头琴演奏

奶奶细心照护下，他休养了几天，身体渐渐恢复过来。一天晚上，苏和正要睡下，忽然听见门响。苏和问："谁？"但没有人回答，门还是嘭嘭直响。奶奶推门一看："啊，原来是小白马！"这一声惊叫使苏和忙着跑了出来。他一看，果真是小白马回来了。它身上中了七八支利箭，跑得汗水直流。苏和咬紧牙，忍住内心的痛楚，拔掉了马身上的箭。血从伤口处像喷泉一样流出来。小白马因伤势过重，第二天便死去了。

原来，王爷因为自己得到了一匹好马，心里非常高兴，便选了良辰吉日，摆了酒席，邀请亲友庆贺，他想在人前炫耀一下自己的好马。

王爷叫武士们把马牵过来，想表演一番，但刚跨上马背，还没有坐稳，那白马猛地直立起来，便把他一头摔了下去。白马用力摆脱了缰绳，冲过人群飞跑而去。王爷爬起来大喊大叫："快捉住它，捉不住就射死它！"箭手们的箭像急雨一般飞向白马。白马虽然身上中了几箭，但还是跑回了家，死在它最亲爱的主人面前了。

白马的死，让苏和悲伤不已，他几夜不能入睡。一天夜里，苏和在梦里看见白马活了。他抚摸它，它也靠近他的身旁，同时轻轻地对他说："主人，你若想让我永远不离开你，还能为你解除寂寞的话，那你就用我身上的筋骨做一只琴吧！"苏和醒来以后，就按照小白马的话，用它的骨头、筋和尾做成了一只琴。每当他拉响马头琴想起对王爷的仇恨，琴声就会很悲哀；回忆起乘马疾驰时的兴奋心情，琴声就会变得美妙动听。从此，马头琴便成了草原上牧民的安慰，他们一听到这美妙的琴声，便会忘掉一天的疲劳，久久不愿离去。

成吉思汗西征的时候，大规模的移民将马头琴在内的蒙古文化传到了欧亚大陆，很多地方就有了马头琴，直到今天。

● "绣花裤带" 的婚恋 ●

贵州蒙古族历经几百年演变，在婚姻、敬酒、服饰等方面仍保留有草原蒙古族的一些习俗，只是由于年代久远和生活条件的变化，渐渐地融入了一些新的元素。

贵州蒙古族女子赠送男子的绣花裤带

蒙古族女子还未成婚时，梳大辫子，到结婚时就插上簪子绾成髻。定亲时，如成，女方就收男方之礼，如不成，女方就退礼。定亲礼有衣物、镜子等生活用品，酒要双份，最主要的是姑娘要给男方回赠绣花裤带，这是蒙古族的传统，寓意带给未来的丈夫强健的身体，也是绑住丈夫的心的意思。另外，裤带对蒙古男子来说是权威的象征，是男子汉的标志，所以蒙古男子忌讳穿袍不束腰带。

蒙古族妇女的头巾

结婚前，每逢过年，男方要去女方家给长辈拜年，结婚迎娶时男方伯、叔、表兄等均可去，女方送嫁者，姑、姨、婶等均可。结婚时，给长辈、客人敬酒时，要用盘子盛酒盅敬酒，新娘端盘，新郎倒酒，向每位客人敬酒两杯。结婚时，男女均要穿长袍，也要扎腰带，袍子多为蓝色，腰带要一丈二尺长。女方头上要缠头巾，多数是蓝色的青布，有钱人家缠缎帕，包得很大，头巾的一角垂于右耳后三寸左右；穿半长袍，大襟；领口扣子有两三款，肩肘扣有三个，侧面腋下有三个扣子，袖口也有花边。

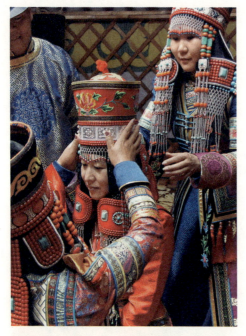

蒙古族新娘

按普遍的程序，结婚这一天，新郎要在伴郎的伴随下来女方家迎亲，同时要挑点青菜送给新娘家。按习俗，迎亲过程中新郎不能说话，一切由伴郎应酬和周旋，直到把新娘娶回家。到女方家后，新郎被安排独席吃饭，并不能动手，只能由伴郎夹菜喂新郎吃。当男方家的人们把嫁妆抬出门的时候，新郎就可以迎上新娘出门了。

新娘梳着少妇的发式，从上到下、从里到外都穿着崭新的衣服。贵州蒙古族服饰尚青、黑色，衣裙的花边图案与上衣的高领样式，都与内蒙古自治区蒙古族相近。新娘穿的一件小褂由送亲队伍中一孩童保管。新娘由舅舅抱进轿子，并由娘家弟弟陪送到男方家。新娘上轿后要哭泣，表示不忍离开家，且要一路啼哭，直至进洞房。

新娘进入男方家大门之前，要烧"喜神纸"，进入大门后大家要劝新娘停止哭泣。进入洞房后，新郎要揭去新娘的黑头巾，并供到堂屋中。吃饭时让新娘在洞房内吃独席，由新郎为新娘添饭。当晚，姑娘和小伙子前来庆贺，家里一片欢笑声和歌声。

第二天，新婚夫妇要到女方家回门，在女方家拜天地和祖先，此时岳父母送给新郎一个银镯子。从女方家返回男方家的路上，不管碰到什么人，新婚夫妇都要作揖。返回男方家后，他们还要拜天地和祖先。

第三天，新婚夫妇要去上祖坟。他们在姑娘和小伙子的陪伴下，挑着猪头等供品去上两家的祖坟。回来后，新娘烧火，新郎挑水，给长辈和同伴烧洗脚水。婚礼至此即告结束。

婚礼结束后7天内，新娘不能回娘家，也不能到其他地方住宿。过去，蒙古族有男子可以另娶，而妻子却不能改嫁的习俗，现在情况已经发生了根本的变化。

新郎新娘返回新郎家

新娘在众人的拥护下进入蒙古包

新郎新娘欢快起舞

● "质孙服" 的延续 ●

质孙服

古代服装名，又称"只孙""济逊"，汉语译作"一色衣"。"质孙"是蒙古语"颜色"的音译。质孙的形制是上衣连下裳，衣式较紧窄且下裳较短，在腰间作无数的襞褶，并在其衣的肩背间贯以大珠。质孙本为戎服，便于乘骑，在元代的陶俑及画中都可以见到此种衣式。

明洪武元年（1368 年）二月壬子，诏复衣冠如唐制，禁胡服、胡语、胡姓名。洪武三年（1370 年），朱元璋下诏，蒙古人、色目人入仕后或多更姓名，岁久子孙相传，昧其本源，如已更易者，听其改正。如此一来，一些蒙古族被迫隐匿祖先姓氏、服饰特征和生活习俗等。贵州蒙古族服饰也就此逐渐失传。

1983 年，毕节市大方县蒙古族得到识别后，族人开始陆续搜集关于本民族服饰及相关资料。逐渐地，一些家族服饰图案慢慢被发现，其服装特点

元代质孙服男装款式　　　　元代质孙服女装款式

主要趋向于元朝的"质孙服"，这是承袭蒙古民族特点的服制。

　　质孙服是元代达官贵人地位和身份的象征，皇帝所赐质孙服，多以显示对臣僚的宠爱，受赐者往往以此为荣。按照人的地位不同，质孙服的结构可分为两类：一类是帝王、大臣、贵族等上层社会的人士所穿的没有"细摺"的腰线袍以及直身放摆结构的直身袍；另一类是服务于这些上层人物的乐工、卫士等所穿的辫线袍。

贵州蒙古族男性服饰

　　质孙服有上、下级的区别和质地粗细的不同。天子的质孙冬服有十五个等级（以质分级层次）。每级所用的布料一致，衣服和帽子颜色搭配，整体效果十分好。比如衣服若是金锦剪茸，其帽也必然是金锦暖帽；若衣服是白粉色，其帽必定是白金答子暖帽。天子的质孙夏服共有十五个等级，与冬装类同。百官的冬服有九个等级，夏季有十四个等级，也是以质地和色泽区分等级。

贵州蒙古族女性服饰

　　贵州各地蒙古族因地区差异，也有各自的服装点。如，大方县等地蒙古族有的

穿着质孙服举行诈马宴的蒙古族

要包头帕，包帕布要留一节在头的右耳后，长 3~5 寸。女装是已婚妇女打圆髻于后脑勺，并别银簪扣紧，上身穿大襟衣，下身穿扎腰裤，手戴玉石手镯或银手镯，脚穿绣花布鞋，着盛装时多着花缎衣裤。显然，贵州蒙古族由于年代久远和生活条件的变化，渐渐地把长袍变成了半长袍，这如同 20 世纪 50 年代内蒙古半牧区蒙古族妇女的装束，总体上短小精焊。总的说来，在贵州境内的蒙古族服饰融入了一些贵州的元素，比如颜色上比较草原上的蒙古族服装深，边口的绣花也表现着本土的元素。

WEILEI

味蕾

ZHILV **之旅**

　　蒙古族的传统饮食大致有四类，即面食、肉食、奶食、茶食。辽阔的蒙古草原，为发展狩猎、畜牧提供了非常好的自然环境。这种牧猎生活，造就了蒙古族独特的饮食文化。

　　蒙古族富有特色的食品很多，例如炉烤带皮整羊、手抓羊肉、大炸羊、烤羊腿、奶豆腐、蒙古包子、蒙古馅饼等。民间美食还有稀奶油、奶皮子、白菜羊肉卷、新苏饼、烘干大米饭等。蒙古族日食三餐，都离不开奶与肉。蒙古族除食用最常见的牛奶外，还食用羊奶、马奶、鹿奶和骆驼奶，其中少部分作为鲜奶饮料，大部分加工成奶制品，如酸奶干、奶豆腐、奶皮子、奶油、稀奶油、奶油渣、酪酥、奶粉等，既可以在正餐上食用，也是老幼皆宜的零食。奶制品一向被视为上乘珍品，

蒙古族奶酪制成的各种零食

如有来客，首先要献上，若是小孩来，还要将奶皮子或奶油涂抹其脑门，以示美好的祝福。蒙古族食用的肉类主要是牛肉、绵羊肉，其次为山羊肉、骆驼肉和少量的马肉，在狩猎季节也有捕猎的黄羊肉。羊常见的传统食用方法就有烤羊、烤羊心、炒羊肚、羊脑烩菜等70多种。最具特色的是蒙古族烤全羊（剥皮后烤制）、阿拉善烤全羊（炉烤带皮整羊）。蒙古族吃羊肉讲究清煮，煮熟后即食用，以保持羊肉的鲜嫩，特别是在做手把羊肉时，忌煮得过老。但内蒙古东部蒙汉杂居地区的蒙古族也喜在食煮时加佐料，并把肉煮成酥烂的手把羊肉。有些地区的蒙古族还喜欢将羊腰窝的肉切成大片，挂糊油炸成炸肉片，民间称为"大炸羊"。

牛肉大都在冬季食用，有时做成全牛肉宴，更多的是清炖、红烧、做汤，为便于保存，还常把牛、羊肉制成肉干和腊肉。油炸驼峰片蘸白糖被蒙古族视为上肴，有经验的厨师还善于把牛蹄筋、鹿筋、牛鞭、牛尾烹制成各种食疗菜肴。

蒙古族馅饼

阿拉善烤全羊

● 红、白、黄三色食谱 ●

风干牛肉干

　　风干牛肉干因丰富的营养价值而备受人们的青睐，现在医学研究证明牛肉干中所含有人体所需蛋白质和氨基酸，故营养价值极高。牛肉干对老年人、儿童身体虚弱者及病后恢复有特别好的帮助，牛肉干的功效有补脾胃、益气血、强筋骨等，对水肿、腰酸软、身体无力等极为有效，每天食用50克至100克风干牛肉干可补充所需的营养元素。风干牛肉干集聚牛肉之精华，在休闲营养食品中独领风骚。

　　通常，蒙古族称肉食为"红食"，蒙语叫"乌兰伊德"；称奶食为"白食"，蒙语叫"查干伊德"；黄食是指粮食食品，蒙语叫做"协日伊德"。这三种颜色分类的食物很多，其中"红食"之中的风干牛肉干，"白食"之中的奶酪，"黄食"之中的炒米都是具有代表性的食物。13世纪，蒙古军队西征中这三种食物是必不可少的军粮，蒙古军队能万里驰骋打到欧洲，口袋里的牛肉干、奶酪、炒米等食物功不可没。

风干牛肉干　风干牛肉

风干牛肉干

是蒙古族的特色食品，历史可以追溯到成吉思汗时代，蒙古铁骑披坚执锐，横扫欧亚，其超强的战斗力和耐力是因为具有良好的后勤保障——风干牛肉干。风干牛肉干易储，热量高，被认为是蒙古大军的秘密武器之一，被誉为"成吉思汗的军粮"。

奶酪　奶酪又叫奶豆腐，蒙古语称"胡乳达"，是蒙古族牧民家中常见的奶食品。用牛奶、羊奶、马奶等经凝固、发酵而成，形状类似普通豆腐，味道有的微酸、有的微甜，乳香浓郁，牧民常将它们泡在奶茶中食用。奶酪还可以做成拔丝奶豆腐，其软韧牵丝不断，是宴席上的一道风味名菜。

炒米　炒米，蒙语叫做"胡日巴达"。它是用糜子经过蒸、炒、碾等多道工序加工而成的，再兑上酸奶和糖等搅拌，解饿又解渴，清香爽口，是别具风味的传统食品。炒米的原料是糜米，俗称蒙古米。炒米味美耐饥，吃法简便，蒙古族有"暖穿皮子，饱吃糜子"之说。

奶酪

又叫奶豆腐，非常解饿，通常可以和奶茶、炒米、熟牛羊肉一起泡着吃，游牧或出远门时可以做干粮。

奶酪

炒米

炒米

在蒙古族家庭中，无论男女老少，都喜欢吃炒米。吃时将米置于碗中，用奶茶泡至柔软时，拌着奶食品吃，或者用白奶油加糖拌着吃，或者用鲜奶煮炒米奶粥吃，也可以煮炒米肉粥或干嚼着吃。

玲琅满目的蒙古美食

● 贵州的"诈马宴" ●

诈马，蒙语是指退掉毛的整畜，意思是把牛、羊等家畜宰杀后，用热水退毛，去掉内脏，烤制或煮制上席。

元朝实行两都制，每年春季，皇帝带领大批僚属从大都（今北京）到上都（今锡蒙正蓝旗境内）进行理政、避暑、祭祀等活动，期间大摆宴席，招待宗王大臣等，这种宴会称作"诈马宴"，也称"质孙宴"。诈马宴一般欢宴三日，不醉不休，赴宴者穿着质孙服赴宴，一日一换。

宴会三日，用羊两千，牛三头，设宫廷乐舞、竞技表演，有时在筵宴上也商议军国大事，展示了蒙古王公重武备、重衣饰、重宴飨的习俗。

元代诗人杨允孚作诗描述了诈马宴：

千官万骑到山椒，

个个金鞍雉尾高。

下马一齐催入宴，

玉阑干外换官袍。

诈马宴

诈马宴食谱：

点心：蒙古馓子、黄油酥、乌日莫、查干胡日达、奶条、炒米。

手鲜：四鲜果（水蜜桃、冰糖李子、葡萄、小苹果）。

菜品：故乡情四素碟、故乡情冷食拼盘、烤全牛、五畜汤、柳蒸羊、苁蓉滋补汤、红扒驼掌、炙凤腿、草原烩菜、杞子芥蓝炒木耳、蒜茸榨菜蒸桂鱼、可汗一品饭、羊肉㲋面片、肥牛烧卖、水果沙拉。

贵州蒙古族饮食上既有地域特色，也保留有民族特色。在族人聚会的时候，人们都要穿着蒙古服装吃烤全羊、全羊汤、烤羊排、火锅涮羊肉等，这也是元朝时期"诈马宴"的部分传承，另外，贵州酸辣口味的牛羊肉粉是当地蒙古族日常生活中普遍喜欢的食品。

蒙古族宴会的礼节很隆重。首先诸位客人按蒙古族的礼俗，从贵宾、长辈开始依次入席。这时，主人用四方形木制大盘端来一只煮熟的全羊，摆放在众客当中的红漆方桌上面。全羊四条腿盘着，卧在木头盘子里，其头放在肉上朝着客人。此后，主人举起银碗，向各位客人敬献洁白的鲜奶，表示以草原上最圣洁和吉祥的食品，用蒙古族最高的礼节欢迎客人。客人们依次接过鲜奶，用右手无名指蘸少许一点奶子，庄重

升起炊烟的蒙古包
..........................●

地向天弹一次，向地弹一次，最后自己尝一点，以示对天、地、神灵及主人的尊崇。紧接着主人以明朗清晰的声调吟唱传统的敬献全羊祝词，祝词完毕后，主宾将木盘调转，使羊头面向主人。

主人从身上抽出精致的蒙古刀，在全羊四周割少许肉放入小杯中，向天泼洒，意为将圣洁的食品先敬上苍和大地，然后把全羊极熟练地卸成不大不小的五十多块，摆放好再将羊头放上去，调转木盘，把刀柄递到客人手里，恭恭敬敬地站立，两手举起掌心向上，说"诸位用膳"后，便倒着退出门外。此后，主宾将羊头取下去，在全羊荐骨部两侧各切下三条肉，左右交换放下，然后请大家用餐。美味的全羊肉，浓郁的气氛，使客人置身于蒙古族独特的餐饮习俗之中。

历经六百多年的变迁，贵州蒙古族余姓至今保留着掏心杀羊的技法。1983年，内蒙古自治区民族事务委员会副主任荣盛在识别贵州余姓蒙古族的重要依据之一就是杀羊的方式。蒙古族"杀羊"有三大特点，一是杀羊不见血；二是扒皮不用刀；三是杀羊速度快。掏心杀羊就是在羊心窝处用刀割一个3～5厘米的口子，把手伸进去，用手指掐断羊的动脉血管至羊死亡。

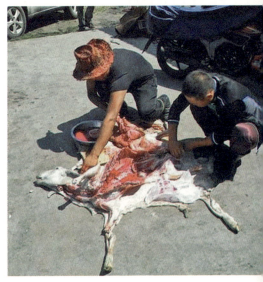

● 蒙古族特殊的杀羊方式

● 羊味三佳肴 ●

烤全羊　烤全羊，蒙语"晤本""好尼""西日哪"，是蒙古族接待贵客的一道名菜，色、香、味、形俱全，别有风味。《元史》记载：12世纪时期蒙古人"掘地为坎以燎肉"。到了13世纪即元朝时期，肉食方法和饮膳都已有了极大改进。《朴通事·柳蒸羊》对烤羊肉作了较详细的记载："元代有柳蒸羊，于地作炉三尺，周围以火烧，令全通赤，用铁箅盛羊，上用柳子盖覆土封，以熟为度。"从记载来看，此时的烤全羊不但制作手法复杂讲究，而且用了专门的烤炉。至清代，各地蒙古族王公府几乎都以烤全羊待上宾，其名贵列入礼节。

烤全羊

贵州蒙古族最大的聚集地是毕节市大方县，其境内的凤山彝族蒙古族乡有一片大草原叫马干山草原，彝族和蒙古族世代居住在这里，他们在饮食文化上互相融合，但也各具特色。当地蒙古族烤全羊融合了很多贵州当地的特色，如在草原上挖坑或在铁架上烤制全羊，另外在羊肉上涂抹辣椒油等调料，使烤制的全羊外焦里嫩、香辣可口。

马干山草原

烤全羊的制作流程：

1.将羊宰杀，用80～90℃

的开水浇烫全身，趁热煺净毛，取出内脏，刮洗干净，然后在羊的腹腔内和后腿内侧肉厚的地方用刀割若干小口。

2. 羊腹内放入葱段、姜片、花椒、小茴香末等，并用精盐搓擦入味，羊腿内侧的刀口处，用调料和盐入味。

3. 从羊尾处用铁签穿入腹内，胸部朝上，四肢用铁钩挂住皮面，刷上酱油、糖，略凉，再刷上香油。

4. 将羊腹朝上挂入提前烧热的烤炉内，炉口用铁锅盖严，并用黄泥封好，在炉的下面备一铁盒，用来盛装烘烤时流出的羊油，大约 3～4 小时，待羊皮烤至黄红酥脆，肉质嫩熟时取出。

5. 食用时先将整羊卧放于特制的木盘内，羊角系上红绸布，抬至餐室请宾客欣赏后，由厨师将羊皮剥下切成条装盘，再将羊肉割下切成厚片，肉骨剁成大块分别装盘，配以葱段、蒜泥、面酱、荷叶饼，并随带蒙古刀上桌。

全羊汤　在六盘水市钟山区有一个叫听涛寨的休闲餐厅，这里一位叫余邵奎的蒙古族善于制作内蒙古著名菜肴——全羊汤。

余邵奎制作的全羊汤以羊头、蹄、下水为主料，加辅料煮制而成。制作时，将羊头和蹄的

● 全羊汤的制作

贵州蒙古族制作的烤羊排

听涛寨蒙古族同胞品尝全羊汤

毛烫、燎，刮洗干净，羊肚用开水烫净，心、肝、肠等下水分别翻洗、浸漂干净。锅内加清水入主料及花椒、山柰、小茴香、盐等调味品煮炖，放入羊头和羊蹄，锅开时，撇去浮沫，继续煮至香味溢出，头、蹄的骨肉能分离，其余内脏下水熟烂后捞出，切成条或薄片。锅内加羊油烧热，用葱、蒜、辣椒炝锅，添入羊骨头汤、清水及精盐等调味品，待烧开后，下入主料，煮至汤浓味醇时即成。配白焙子、香菜食用。此汤味鲜、香、辣、浓、醇，深受群众欢迎。

全羊汤

　　六盘水地区由于常年气温凉爽，因此那里的蒙古族在饮食上与当地其他民族群众一样偏爱牛羊肉粉。受地域环境影响，制作全羊汤时多选用当地的黑山羊作为食材，这与内蒙古地区的人以绵羊为食材有所不同，但其制作手法大致是相同的。

　　涮羊肉火锅　吃火锅是贵州各民族普遍的喜好，生活在贵州山区的各个民族到了冬季更是围着炉子吃火锅。北方蒙古族从古至今都喜欢吃涮羊肉火锅，贵州蒙古族对此也情有独钟。

　　涮羊肉，又称"羊肉火锅"，始于元代，形成于清代。早在18世纪，清康熙、乾隆二帝所举办的几次规模宏大的"千叟宴"中就有羊肉火锅。后流传至民间，由清真馆经营。《旧都百话》云："羊肉锅子，为岁寒时最普通之美味，须于羊肉馆食之。此等吃法，乃北方游牧遗风加以研究进化，而成为特别风味。"

　　相传，元世祖忽必烈非常喜欢吃羊肉。有一年冬天，军队突然要开拔，而他饥肠辘辘，定要吃羊肉，聪明的厨师情急之中将羊肉切成薄片，放入开水锅中烫之，并加调料、葱花等物，忽必烈食后赞不绝口。后来，他做了皇帝仍不忘此菜，并赐名为"涮羊肉"。《马可·波罗游记》

涮羊肉火锅

羊肉卷

里写到，他在元大都皇宫里吃到了蒙古火锅，因此，英文、法文对涮羊肉译为 Mongolia，所以，涮羊肉火锅是蒙古人发明这一点是有史可查的。

元朝时，黔西县因为湖泊众多而成为全国的十四个大牧场之一，这里养殖的牛羊肉因水草优良而肉质鲜美，成了涮羊肉的绝好食材，因此生活在这里的蒙古族经常以涮羊肉火锅作为招待亲朋好友的特色菜。

涮羊肉的制作方法是：将羊肉洗净去骨去皮，剔除筋膜，切成大薄片，放在盆里待用。吃之前把酱油、卤虾油、芝麻酱、辣椒油等分别放在小碗内，腐乳汁、韭菜花放在小碟内。食用时，在锅内添上清水，待锅内汤烧开时用筷子夹着羊肉在锅内烫涮，见肉片呈灰白色即夹出，蘸着各种调味料吃。肉片要随涮随吃。最后把菠菜、粉丝放在锅子内，待菠菜熟时，放入精盐、味精，然后连菜带汤一起食用。

● 不吃鱼、不食狗 ●

　　贵州蒙古族请客不吃鱼有两个方面原因。一方面是古代蒙古人基本不吃鱼，这是水源保护的体现。因为古代蒙古族的饮用水全部是江河水，捕鱼会污染水源。所以，蒙古人忌讳在河流中洗手洗脸和沐浴、洗衣服，尤其忌讳洗女人的脏衣服。不许向河中倒入垃圾等不干净的东西。如果非要在河流中洗手洗脸不可，则一定要向河水中的神灵磕头请示。因此，古代蒙古人禁止捕鱼并告诫族人和子女，鱼是马的灵魂，江河里有多少条鱼，陆地上就有多少匹马，若吃掉一条鱼，就等于吃了一匹马。另一方面就是蒙古族余姓流传的一个故事传说。传说元朝末期蒙古族余姓的祖先逃难到四川，被大夏国明玉珍的一小支红巾军追杀到江边，他们躲藏在河边的树丛里，忽然见一条大鱼从河里跃起数丈之高，随后一群鱼跃起飞奔向上游，红巾军见此景以为附近有元军的伏兵，于是惊慌而退。躲过一劫的族人过江后盟誓从此姓余（余与鱼谐音）。因此，鱼被这支蒙古族人看作救命恩人，他们从此有了坚持不吃鱼的传统。到了今天，贵州蒙古族余姓仍然不吃鱼，大部分族人依然保持着这一习俗。

　　除此之外，蒙古族余姓大部分不吃狗肉，这也是传承了蒙古族的早

蒙古牧羊犬

正在牧羊的狗

期习俗。蒙古族有八大禁忌，打狗就是大忌。蒙古族将狗当成是家中的一份子，它可以看家、牧羊、对付野兽，是牧民的好帮手，如亲人一样。蒙古人从不吃狗肉，狗的毛皮也不卖钱。待狗死了之后，要将它放到狼出没的地方，让狼吃掉，让它们回到"腾格里"。

● 中秋拒月饼 ●

月饼

中秋节是中国传统的节日，除了汉族，包括蒙古族在内的20多个少数民族也过中秋节。中秋之夜，蒙古族人爱做"追月"的游戏。人们跨上骏马，在银白色月光下奔驰在草原上。他们朝西放马奔驰，执著的蒙古骑手，不到月亮西下，"追月"不止。

根据史籍的记载，"中秋"一词最早在《周礼》一书中提到。到魏晋时，有"谕

蒙古族中秋节的篝火晚会

尚书镇牛渚，中秋夕与左右微服泛江"的记载。直到唐初，中秋节才成为固定的节日。《旧唐书·太宗本纪》记载有"八月十五中秋节"。《薛钢反唐》中也有"八月十五闹花灯"的说法。至宋朝，中秋节开始盛行，至明朝时，中秋节已与元旦齐名，成为中国的主要节日之一，仅次于春节。

中秋节不吃月饼，只是元朝蒙古贵族的一个不成文的习俗而已。相传，元朝末期，朱元璋欲联合反抗力量推翻蒙古族统治的元朝政府，但是苦于无从传递消息。所以军师刘伯温便想出一计策，命王昭光制造饼子，将写有"八月十五夜起事"的纸条藏入饼子，再使人分头传送到各地起义军中，通知他们在八月十五日晚上起兵响应，最后推翻了元朝在中国的统治。蒙古族余姓是元朝贵族流落西南的后裔，因此忌讳中秋节这天吃月饼。

蒙古族中秋节的篝火晚会中的歌唱表演

蒙古族中秋节的篝火晚会中的舞蹈表演

YINGHAO

英豪

GAOYUANQING

高原情

● 乌兰夫与王若飞的革命友谊 ●

　　蒙古族革命家乌兰夫于1925～1929年在苏联留学期间于莫斯科相识了贵州安顺人王若飞。回国以后，王若飞具体指导乌兰夫在内蒙古的革命事业，发展了许多蒙古族爱国青年人士成为中国共产党员，从此乌兰夫和王若飞在内蒙古革命事业中结成了革命友谊。

　　泰安客栈是王若飞烈士当年在包头进行革命活动时寓居和被捕的地方，坐落在包头市东河区复成元巷26号，原名泰安旅馆。中华人民共和国成立后，为缅怀先烈的丰功伟绩，泰安客栈作为内蒙古自治区的重要文物保护单位进行保护。现在，这个革命故址原门已拆除，分成两个院落，现有房屋24间（除1952年因大火烧毁的两间房子外）。王若飞同志居住和工作过的三号房间内有火炕一盘，小方桌一张，煤油灯一盏、骨牌凳子两张，以及被褥、毯子等简单的家居用品，基本保持了原貌。现已被认定为"爱国主义教育基地"。

王若飞出生于贵州省安顺市，1911年辛亥革命爆发后，积极投身革命。

1931 年 9 月，王若飞以中共西北工委特派员身份到达绥远包头市与中共西蒙工委负责人乌兰夫会合，并化装成商人化名黄敬斋，在这个商贾云集的地方领导艰苦的革命斗争。王若飞与乌兰夫一起进行社会调查，制定了《告全旗蒙民书》，起草了《内蒙古平民革命党宣言》，并建立了国际交通总站，积极准备建立革命武装队伍。

王若飞

王若飞

王若飞（1896～1946 年），原名运生，贵州安顺人，中国共产党革命烈士，杰出的无产阶级革命家。

王若飞所做工作为推动内蒙古革命事业打下了重要基础，播下革命火种，极大地推动了当地蒙古族同胞投身革命、投身共产党的步伐。

毛泽东、周恩来非常器重王若飞的革命气节和才干，总是委以其重任。1946 年，国共两党在重庆谈判，王若飞跟随毛泽东、周恩来一同前往，是中共主要谈判代表。

1946 年 4 月 8 日，出席重庆国共谈判和政治协商会议的王若飞、博古为了向中共中央汇报和请示工作，与新四军军长叶挺飞返延安，途中飞机失事，不幸遇难。王若飞等同志逝世后，

乌兰夫

乌兰夫

乌兰夫（1906～1988 年），曾用名云泽、云时雨，蒙古族。中国人民解放军开国上将，政治家，曾任国家副主席。

毛泽东主席非常悲痛，挥笔为王若飞烈士题词："为人民而死，虽死犹荣"。

安顺市若飞大道北道的王若飞故居

王若飞烈士纪念碑   呼和浩特的乌兰夫纪念馆

● 丁道衡发现神山宝藏 ●

　　白云鄂博的名字来自一个美丽的传说。据说700多年前，成吉思汗的大将特古斯出征来到乌兰察布草原的一座山上，他的马突然仰天长啸，驻足不前，似乎有什么东西吸住了马蹄。特古斯意识到脚下这座山吸住了马蹄，于是连声惊叫："宝山！宝山！"特古斯滚鞍下马，倒身便拜，祈求神灵保佑。可是，马仍无法行走，后来他将马鞍、马镫等铁质用具卸下后，马才能前进，于是后人便称这山为"白云鄂博"（蒙古语意为"富饶的宝山"），并认为是铁矿山的磁性将马鞍、马镫吸住。对于这个传说的可信性，并无人做认真的考证，但白云鄂博丰富的铁矿资源，却是实实在在的。

　　丁道衡，这个名字在蒙古族的心中很有分量。因为他的发现使得生活在内蒙古包头白云鄂博草原上的蒙古族打开了富裕的大门，同时他的发现也震惊了世界，让中国成为了世界稀土大国。

　　1899年11月，丁道衡出生于贵州一个封建官僚家庭。17岁时考入贵阳模范中学。1919年7月，他考入北京大学预科部，4年后，升入本科地质系学习。1926年，丁道衡以优异的成绩毕业，并留校当了助教。

　　1927年5月9日，重新组建的中国西北科学考察团由北京西直门火车站出发，前往此次考察的大本营——包头。这是中外学者首次联合对我国西北地区进行大规

丁道衡

丁道衡

　　丁道衡（1899～1955年）字仲良，贵州省织金县人，白云鄂博铁矿的发现者，我国著名的地质学家、古生物学家、教育家、社会活动家。

坐落于包头市白云矿区的丁道衡雕像

白云鄂博的露天稀土矿

模多学科的科学考察。考察团规模十分庞大，仅为运送人员和携带价值数万两白银的仪器设备，就购置了300多头骆驼。想想看，三四百头骆驼一起拔营上路，是怎样一种壮观的景象！以至途中每逢扎营，营地就变作"骆驼城"，方圆百里的牧民都来探看究竟。

考察团中有瑞典、德国、丹麦等外方成员17人，中方成员10人，除丁道衡外还包括考古学家徐旭生和黄文弼、地质学家袁复礼、地图学家詹蕃勋、摄影师龚元忠，以及李宪之、刘衍淮等几名北大学生。

考察团一行到达包头，经过休

美丽的白云鄂博

整和补养，于5月20日向北进发，开始了筚路蓝缕的探险考察。6月底，考察团从达茂旗百灵庙到白云布拉格，决定以百灵庙为基地，分成北、中、南三个队展开考察活动。丁道衡同几位外国学者分配到北队，距中队20公里左右，由瑞典地质学家那林带队。

出发不久，丁道衡的目光就被草原上随意散落的大大小小的石头吸引了。这些黝黑的石头似乎是质地很纯正的铁矿石，但它们来自何处呢？丁道衡一路思索，忽然发现十几公里以外的一座山峰山形独特，色泽异样，在夏日灼热的阳光下泛着青黑色。凭着专业知识和直觉，他意识到这道黝黑神秘的山岭不同凡响，这种地貌特征和山体颜色，很有可能蕴藏某种矿体。

丁道衡跳下骆驼向当地蒙古人了解这座山的情况。当地人告诉他：这山是蒙古人的神山，名叫白云鄂博，翻译过来就是"富神之山"。丁道衡回到驻地，在昏暗的油灯下查找资料，在地图上发现这一带叫"哈喇托落海"。蒙语里，"哈喇"为"黑"，"托落海"为"山头"，汉译过来就是"黑山头"。他仔细翻阅资料，一夜无眠。这个黑色的山峰仿佛有种莫名的磁力吸引着他，他决定一早起来就去探个究竟。

7月3日清晨，同行的外方队员还在睡梦中，丁道衡就钻出了帐篷，

铁矿山

徒步向 30 里外的黑山头奔去。在山脚下一条被洪水冲刷成的小河沟里，他发现了大量的矿砂。经过辨认，其中有不少是含量丰富的铁矿石。顺着河流向上追溯，在白云鄂博主峰山下，丁道衡发现铁矿矿砂沿山麓散布甚广，比比皆是。行至山麓，更有大片裸露的铁矿体，矿石层露出的黑斑在阳光下灿然夺目。丁道衡激动得心怦怦乱跳，这是铁矿，大铁矿啊！再往附近观望，周围的山峰与这山相似，矿脉绵延很远，这无疑是含量很高的赤铁矿石和褐色矿石，而且藏量丰富，范围很广。

　　接下来，丁道衡在附近进行了为期十几天的徒步勘查，采集了满满一箱矿石标本，初步查明了此地的地质构造、矿区生成、铁矿储量、矿石成分等，认定这里是个储量可观、极有开采价值的大型铁矿。在勘探日记中，他兴奋地写道：“登高俯瞰，则南半壁皆为矿区。矿体甚大，全山皆为铁矿所成，皆暴露于外，开采极易。”

　　沉睡了亿万年的神山白云鄂博就这样被丁道衡发现了。这一重大发现使这位年轻的地质考察队员心花怒放：“很荣幸，我发现了它的秘密。”这一年，他年仅 28 岁。

　　1933 年，丁道衡结束了近七年的艰辛考察返回北京。当年 12 月，丁道衡整理了采集到的标本、手绘图和大量的文字资料，将所见所得写入《绥远白云鄂博铁矿报告》一文，发表于《地质汇报》第 23 期上，这是历史上首次将白云鄂博这个世人未知的神奇之地公诸于世。

　　在这份报告中，除了白云鄂博铁矿的翔实内容外，他还设想了未来的开发：“本区铁矿，矿床因断层关系，大部露出于外，便于露天开采。且矿床甚厚，矿区集中，尤适于近代矿业之发展。”“若能于

灯火辉煌的包头钢铁

包头附近建设一座钢铁企业，其重要又不仅在经济方面而已。"他由此断言："此地将成为中国一个很大的富源。"丁道衡的判断是准确而富有先见的——中华人民共和国成立后，在白云鄂博铁矿的基础上，建成了我国三大钢铁工业基地之一的包头钢铁。正是他的发现，奠定了一座百万人口的草原钢城的根基。

然而，当时把持中国地质界的几位学阀固执地认为绥远不可能有大铁矿存在，对这位青年地质学家的发现持怀疑态度。丁道衡坚信白云鄂博是个巨大的"国家宝藏"。细心的他意识到采集来的矿石标本中可能蕴藏着更多秘密，便委托在中央地质研究所工作的同窗好友何作霖对矿石标本做实验室研究。

何作霖曾师从李四光、丁西林两位名家，除了地质所的工作外，还在北京大学地质系担任兼职讲师，是当时最善用偏光显微镜进行研究的学者。何作霖把矿石标本制成薄片，放在偏光显微镜下观察，发现了一种奇怪的现象：白云鄂博的铁矿石里有一种矿物叫萤石。这个萤石是紫色的，有些紫色的地方会有一些退色的小白点，他发现这个白点里面还有个极微小的颗粒。他猜想，或许，退色是这个白点造成的。于是他把其中仅有 0.1 毫米的一个小颗粒提取出来，送到中央研究院物理研究所进行光谱分析，成就了又一个石破天惊的发现：白云鄂博矿物中含有两种稀土元素！

1935 年，《中国地质学会会志》刊

萤石

萤石，又称氟石、软水晶、七彩宝石、彩虹宝石、梦幻石等，其主要成分是氟化钙，含杂质较多。自然界中萤石常显鲜艳颜色。

荧石

稀土

稀土是化学元素周期表中镧系（镧、铈、镨、钕、钷、钐、铕、钆、铽、镝、钬、铒、铥、镱、镥）15 个元素和 21 号元素钪、39 号元素钇（共 17 个元素）的总称。

何作霖

何作霖

　　(1900～1967年) 广东东莞人，矿物学家、岩石学家、地质教育家、中科院院士。著有《光性矿物学》一书，并最早开展 X 射线岩组学的研究。

登了何作霖编著的《绥远白云鄂博稀土类矿物的初步研究》（英文），向世界宣告：白云鄂博矿物中存在稀土矿物。文中说，他发现了"两种目前设想是稀土元素来源的极细的、异常的矿物"，"这两种矿物建议分别以'白云矿'和'鄂博矿'暂时予以命名"。他还大胆地预测该矿稀土元素储量丰富——白云鄂博不仅是富饶的大铁矿，还是稀土的故乡！一时间，白云鄂博这个陌生的名字轰动了当年的学术界。

　　不过，这些享誉世界的发现，并没有立即唤醒乌兰察布大草原。身处连年战乱的旧中国，白云鄂博只能继续酣睡。20多年后，才由新中国勘探开发。

　　现在的白云鄂博，已经成为世界上最有知名度的"稀土之都"。而由何作霖最先撩起的世界最大稀土宝库的面纱，还在一层层揭下去。几十年来，科学家们对白云鄂博的研究一直没有停息。因为它太有价值了——至今人类仅仅将元素的发现推进到109号，发掘出的矿物也仅有3800多种，可是在白云鄂博矿区面积仅约48平方公里的小小范围内，就含有71种元素，矿物180余种。其中的稀土储量居世界第一，铌储量为世界第二——这样的地方在全球也是独一无二的，目前，世界上尚没有一座矿山能与白云鄂博相比。白云鄂博，也由此成为全球首屈一指的、令世界各国地质专业人员心神向往的地质学圣地。

乌兰察布大草原

● 李四光与贵阳乌当 ●

李四光

李四光

　　李四光，湖北黄冈人，蒙古族，字仲揆，中国著名地质学家和古生物学家。第四纪地质学研究的开拓者，创立了大地构造理论地质力学。

位于贵阳市乌当区保利温泉新城的四光广场

　　2010年10月23日，贵阳市乌当区保利温泉新城隆重举行李四光雕塑揭幕仪式，纪念李四光为乌当区所做的贡献。

　　中国著名地质学创始人李四光，祖籍为内蒙古，蒙古族。李四光于20世纪40年代在川东、鄂西、湘西、桂北及贵州高原等地考察，并发表了一系列有关冰川遗迹和冰期划分的论著，其中1947年在《中国地质学会志》上用英文发表的著名论文《贵州高原冰川之残迹》引起了当时世界地质界的轰动。李四光是怎样来到乌当的呢？

　　万松阁是一座八角形的五层楼宇，建于明天顺年间（1457~1464年），原名洛湾阁，位于南明河下游的洛湾村（今属乌当区东风镇境内）。因其坐落在依山傍水的松竹丛中，四周古松参天、浓荫蔽日、郁郁葱葱，故更名为"万松阁"。香火旺盛的万松阁，见证了一段撼动世界地质学界的历史，使得乌当与中国地质学界的泰斗李四光结下了不解之缘。

　　20世纪20年代，李四光在北京大学任教期间有一得意门生，后来成为中国地质科学发展的四大奠基人之一，他就是贵州籍学生乐森玮。1944年初，因战事，李四光及其所在地质研究所到达贵阳，在乐森玮的安排下住进了万松阁。这一住，就是四年。正当祖国蒙难之际，万松阁拥抱的竟是中国地质学界的泰山北斗。共同的热爱和追求，使李四光和乐森㙟这对师生有了更多的共同语言。他们同院而居，同桌而食，一起探讨学术，针砭时弊，这份同甘共苦的诚挚情义在战乱不止的年代弥足珍贵。乌当洛湾这块热土在揭开中国第四纪冰川神秘面纱的同时，也经历了一次地质文化的浸润。

乌当的洛湾盆地位于贵阳的东北部，当地人称乌当大坝、洛湾大坝。两个大坝被云盘山隔开，形成隔山相望而相对独立的格局。两坝合称"万亩大坝"，由于其土地平整、田肥水足，是稻米和油菜籽的主要产地。

李四光带领全所人员以万松阁为中心进行地质考察。经过艰苦的实地研究，他们在考察过程中的发现远远超出了预期。这使他们认识到，在洛湾—乌当盆地，一定存在着决定冰川构成的冰蚀地貌、冰川漂砾及堆积物三大要素。在对洛湾大坝、乌当大坝等处地形、地貌查看后，李四光认为：贵州高原无疑发生过局部冰川作用，而且还不止发生过一次。这个论断顿时引起了地质界的轩然大波。

在地质学理论研究中，对古冰川存在的确认，通常是以冰流侵蚀、堆积和冰缘证据这三要素决定的。李四光等在南明河下游右岸发现，较新泥砾片段和残块到处可见，它

乌当

乌当区位于贵阳市东北部，属贵阳市新城区，总面积686平方公里，辖3镇5乡（其中包括两个民族乡），人口37.69万人，属亚热带湿润性季风气候。

李四光（左一）与友人在万松阁

第四纪冰期

第四纪冰期又称"第四纪大冰期"。第三纪末气候转冷，第四纪初期，寒冷气候带向中低纬度地带迁移，使高纬度地区和山地广泛发育为冰盖或冰川，这一时期大约始于距今200～300万年前，结束于1～2万年前。

们曾经形成连片冰碛的边缘，冰碛在被现在的河道切割以前，连接到洛湾盆地的东侧高地。在环绕万松阁所在小山的西坡边缘，李四光等科学家惊喜地发现，这里不仅分布有同样的冰碛物，而这些冰碛物还广泛分布于洛湾盆地的底部，在洛湾村形成一个狭长的山冈，高出盆地底部其他部分8～10米。

万松阁

为了证明自己的观点，李四光带领同事们经过四年的系统考察与研究，在对冒沙井分水岭和洛湾分水岭上的不规则面及万松阁四周一些较高山丘作了详细调查后发现，石灰岩山丘上的石英岩岩块和卵石显而易见是被搬运来的。他最终得出结论：该分水岭由三叠纪灰岩组成，可能属于第三纪砾石所覆盖。在洛湾盆地与乌当盆地之间的山脊地区发现的连续冰川作用的证据虽然不多，但却具有决定性。

乌当盆地

李四光认为：乌当—洛湾大坝地层露出完整，地质构造特征突出，古生物化石门类齐全，第四纪冰川及河谷地貌层次清晰，海陆变迁历史有明显珍贵的地质遗迹。他断言：中国有第四纪冰川，并将洛湾大

冰川遗迹

在冰川发生，发展和消亡之过程中，直接形成的堆积物和地貌。如由于冰蚀作用产生"V"形的角峰、冰斗等，由于冰积作用形成的侧碛，终碛等。

贵州高原风光

坝和乌当大坝保存较好的冰川遗迹命名为"洛湾冰川"。为了使这一重大发现让全世界知道，李四光于1947年在《中国地质学会志》第27期上，用英文发表了《贵州高原冰川之残迹》一文，以充分的事实证明洛湾和乌当盆地曾发生过两次以上的冰川。在这篇著名的论文中，插有绘制精细的洛湾地区地形图和洛湾冰坎的横断面图，并对贵阳城附近的许多地点和贵州省一些地、县的第四纪冰川遗迹作了阐述。

　　中国第四纪冰川的确定，是我国第四纪地层学和气候学研究的一个重要里程碑，它不仅推翻了当时外国学术权威"中国无冰川"的论断，而且对我国在寻找地下水资源、沙金矿藏以及选定重点项目的工程场址等都起到了重要作用。也许很多人不知道，李四光第四纪冰川学说的重要证据来源，是在今天乌当区东风镇的洛湾盆地、乌当盆地上搜集到的。李四光说："如果没有洛湾、乌当盆地的冰川遗迹，将难以证明贵阳盆地及贵州高原有第四纪冰川的存在，中国有第四纪冰川也将失去一份有力的证据。"

冰川遗迹

贵州高原风光

参考书目

1. 志费尼. 世界征服者史 [M]. 南京：江苏教育出版社，2005.

2. 罗斌. 一口气读完元朝的那些战争 [M]. 北京：京华出版社，2010.

3. 元朝秘史 [M]. 济南：齐鲁书社，2005.

4. 布鲁丁，伊万宁. 大统帅成吉思汗兵略 [M]. 呼和浩特：内蒙古人民出版社，1991.

5. 格鲁塞. 马上皇帝 [M]. 谭发瑜译. 石家庄：河北人民出版社，1987.

6. 威泽弗德. 成吉思汗与今日世界之形成 [M]. 温海清，姚建根译. 重庆：重庆出版社，2006.

7. 王建华. 散居在祖国内地的蒙古族及后裔 [M]. 呼和浩特：内蒙古人民出版社，2013.

8. 孛儿只斤·苏日娜，孛儿只斤·苏和. 蒙古八部 [M]. 呼和浩特：内蒙古人民出版社，2013.

9. 孛儿只斤·苏和. 成吉思汗蒙古帝国的后人 [M]. 呼和浩特：内蒙古人民出版社，2009.

10. 苏力娅·林琳. 走出蒙古王府的女人们 [M]. 呼和浩特：内蒙古人民出版社，2013.

11. 特·官布扎布. 蒙古密码 [M]. 北京：中国民族摄影艺术出版社，2010.

12. 格鲁塞. 草原帝国 [M]. 李德谋，曾令先译. 南京：江苏人民出版社，2011.

13. 多桑. 多桑蒙古史 [M]. 冯承钧译. 北京：东方出版社，2006.

14. 《蒙古族简史》修订本编写组. 蒙古族简史. 北京：民族出版社，2009.

后记

　　贵州山川秀美，气候宜人，资源丰富，人民勤劳，风情多彩，文化灿烂。18 个世居民族，和谐相处，共建家园。《贵州世居民族文化书系》正是建立在人类学、民族学、文化学的研究成果基础上，以叙事方式为主，向世人勾勒贵州世居民族文化版图，展示贵州世居民族悠久的历史文化与和而不同的美丽生存，以全新的视角探寻各民族的文化发展轨迹，解读各民族具有鲜明特色的文化事象，诠释各民族充满神奇魅力的新形象。

　　《贵州世居民族文化书系》编委会对书系的宗旨、目标、体例和风格等进行项目论证和定位，负责确定写作大纲，并对书系的组织架构、写作要求和作者物色等进行统筹安排。

　　《敖包高原魂·蒙古族》由贵州省民族研究院进行审读，就政治倾向性和民族、宗教问题进行认真把关。本书图片得到了贵州省摄影家协会和作者大力支持（经多方搜寻，仍有部分图片未能寻到作者，作者见书后请与出版社联系）。

　　在此，对所有为书系做出贡献的人士表示衷心的感谢！因编辑水平所限，书中难免有不尽人意之处，恳请读者批评指正，以便图书再版时予以弥补。

《贵州世居民族文化书系》编委会

2014 年 6 月